第二の文化の時代へ

～慶び を積み、暉《ひかり》を重ね、正しき道を養わんが為に～

三上照夫

ぱるす出版

目次

第二章　日本の国柄《くにがら》

第三章　民主主義と天皇

第四章　第三の文化の提唱～自由主義と社会主義～

第五章　当来社会の示すもの～第三文化の提唱～

第一部　二十世紀の神話に対する迷信

第二部　独立日本の世界への指導的立場

I

昭和天皇と歴代首相と三上照夫

産経新聞論説委員
阿比留瑠比

日本民族の歩み来たりし大道は古きが故に尊厳なるに非ず、伝統なるが故に護るに非ず、世界の二大思想である自由を求める民主主義と、平等を叫ぶ共産主義の二律背反せる思想で混乱せるを、自然道の生きとし生ける生命流路の大道に則し、人類が求めて止まぬ文化指導原理であると信じるが故に護らんとするものである。

昭和二十七年　三上照夫　二十四歳

昭和天皇の私的な相談役として宮内庁の役人らから、ひそかに「国師」と呼ばれ、岸信介から佐藤栄作、田中角栄、福田赳夫、中曽根康弘までの歴代首相からも折に触れて助言を求められた男がいた。昭和三年四月二十五日に生まれ、平成六年一月八日に没した三上照夫がその人である。

妻の祥恵夫人は夫を「禅坊主」と呼び、その数奇で波乱万丈な人生をこう振り返る。

「主人は天下の素浪人、無冠の大夫でした。それだから、誰とでも会え、いろんなところに行き、思うまま好きなことが言えたんだと思います」

京都の呉服屋の三男に生まれた三上は幼少期から何をしても他より抜きんでていて、神童と言われた。昭和十九年に同志社中学三年を終了すると、特別幹部候補生として陸軍に入隊する。二十年三月には、台湾沖で乗っていた輸送船が撃沈され、約一万四千人の戦闘員のうち、九死に一生を得て救助されたわずか二百十八人の一人となった。

二十年五月、特攻隊員として飛び立ち、敵艦に突っ込むが、まさにその瞬間に片翼が吹っ飛び、搭乗機は小島に胴体着陸をしてまたしても生還する。

その後の七月、補充部隊に配属されるも再び出撃することなく終戦を迎えた。

二十一年十二月に復員後は、同志社中学に復学して勉学に励む一方で、方々で辻立ちして説法を続け、こう訴えた。

「大東亜戦争は日本が仕掛けた戦争に非ず」

当然、日本を占領していた連合国軍総司令部（ＧＨＱ）にはにらまれる。三上は聴衆に呼びかけた。

「捕まるのは私だけだから、安心して耳だけこちらに向けてくれ」

当時の警官は軍隊出身者が多く、三上の話が終わるまで捕縛しようとはしなかったという。とはいえ、無名で何者でもない三上がいくら説法を続けても、個人にできることには限界があった。

そんな空しい気持ちを抱え、門を叩いたのが臨済宗の高僧で学僧として知られた今津《いまづ》洪嶽《こうがく》老師だった。今津老師は後に京都の地元紙に「名僧」と書かれた際、こう語った。

「わしは名僧ではなく、酩酊僧じゃ」

酒好きで磊落《らいらく》な人物だったらしい。ともあれ、同志社専門学校神学部ロシア語学科に進んだ三上は、今津老師にキリスト教学を徹底的に研究するよう命じられ、ヘブライ語から勉強して身に付けた。


キリスト教学を学ぶ中で、三上は特攻隊員の生き残りとして問いかけた。

「自分に生きている資格はあるのか。神があるのなら、私に何をしろというのか。私に何ができるのか。教えてほしい」

三上は今津老師に言われ、比叡山《ひえいざん》で阿闍梨行《あじゃりぎょう》の百日間の断食を行った。六十日目ほどになると、山に登ってくる人の声がはっきりと聞こえるようになり、行が終わる頃には一神教の神ではなく、祖先神の存在を理解した。


三上はまた、己の身は己で護《まも》らないといけないと古武道の研究も始める。各流派の師匠のもとに通い、奥義を修める。生来の天分があったのか、富田常雄の小説『姿三四郎』のように「空気投げ」も身に付けた。祥恵夫人の目の前で、身長百六十センチに満たな

い小柄な三上が、大男を五メートルも投げ飛ばしたことがあったという。

　三上に大きな転機が訪れたのは、昭和二十三年十月のことだった。ＧＨＱの意向でちょうど一年前に皇籍離脱したばかりの賀陽宮恒憲《かやのみやつねのり》に宛てた宮東孝行の手紙を携えた使者が訪れたのだった。宮東は賀陽宮の研究仲間で、手紙にはこう太字でしたためられていた。

「将来の日本の為に成る信ぜらる　三上昭夫（昭夫は本名）」

　この手紙は今も、祥惠夫人が大切に保管している。ともあれ、使者が訪ねてきた背景にはこんな事情があった。

　実はこの年六月に、ローマ教皇であるピオ十二世から昭和天皇宛にあるメッセージが届

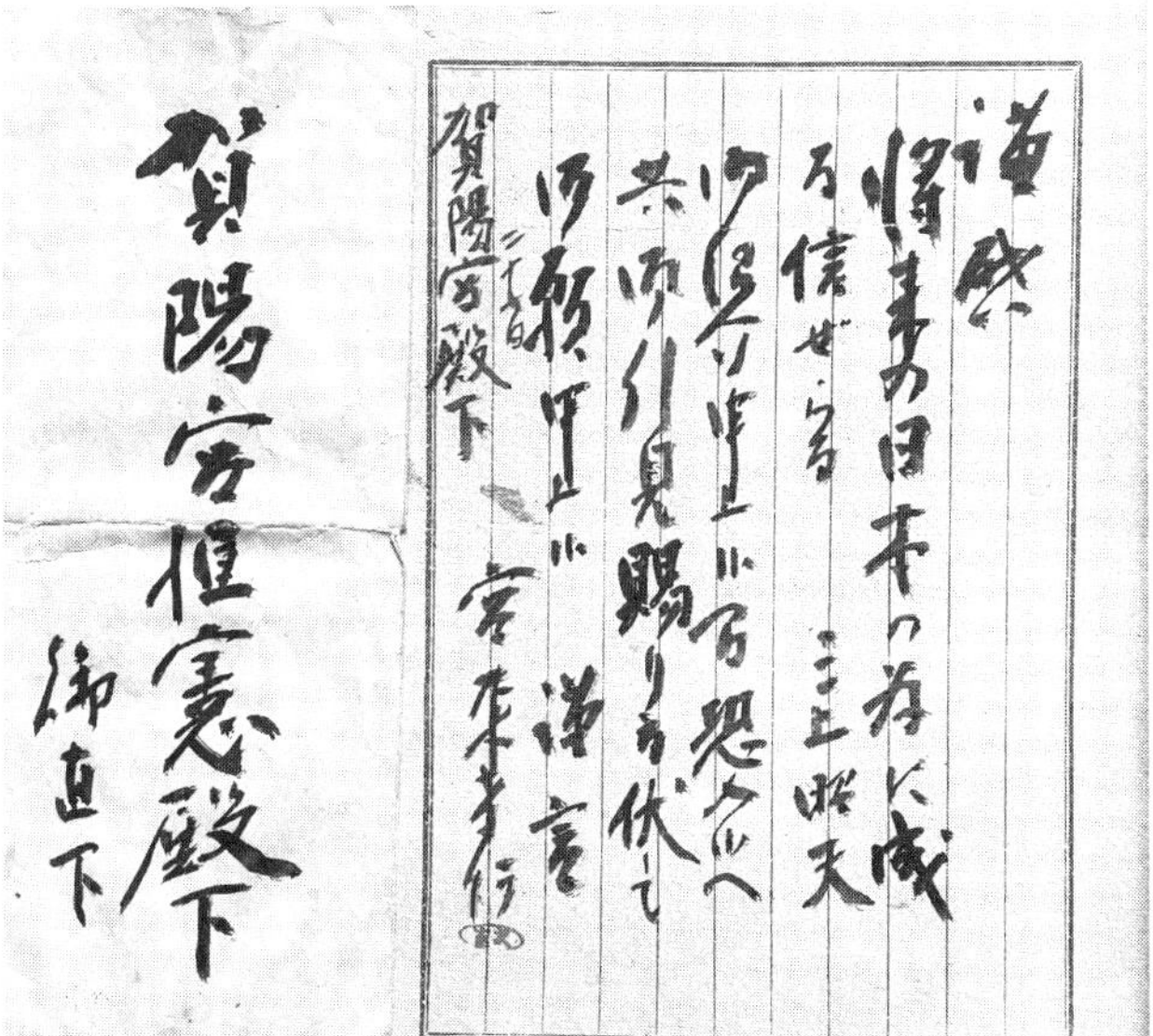

賀陽宮殿下あての紹介状

いたことが発端である。それはこんな内容だった。

「陛下は、戦後の食糧不足で餓死者が出るのではないかと、日夜心を痛められていると聞く。陛下が形だけでもカトリックの洗礼を受けられたなら、世界中のキリスト教国が手を差し伸べることだろう」

これに昭和天皇は「形だけでいいなら」と真剣に悩んだ。そして、天皇の苦衷を見かねた賀陽宮はこう考えた。

「陛下の優しい御心はありがたいが、一時の情勢に流されて陛下がキリスト教徒となられたならば、皇祖皇宗に何と申し開きができようか。誰かお諫《いさ》めする者はいないか」

だが、当時は昭和天皇の周りの有能な学者や知識人はみな追放されていた。そこで学識と気骨を兼ね備えた青年を探すこととなり、縁あってまだ二十歳の三上に白羽の矢が立ったのだった。

三上は今津老師の「お前なら下手な殺され方はしないだろうから、行ってこい」という言葉に背中を押され、ただちに東京・麹町にあった賀陽宮邸を訪れた。そうして賀陽宮に宮東の手紙を差し出すと、賀陽宮は中身も見ずにただ頷《うなず》き言った。

「すぐこれから陛下のところへご案内しましょう」

早速、皇居で昭和天皇に拝謁した三上はこの日は挨拶するにとどめ、身中から「天皇という日本の中心人格の心が揺れては、国民が動揺する」との思いを伝えようとした。

翌日も賀陽宮に伴われ、東京・赤坂の秩父宮邸で改めて昭和天皇に謁見したが、その時に三上と天皇との間でどんな言葉が交わされたのかについては、三上は祥恵夫人にも生涯語らなかった。ただ一言、こう述べたという。

「何事も申さなくとも、陛下は十分お分かりだった」

三上と昭和天皇が再び邂逅《かいこう》し、胸襟《きょうきん》を開いて話をするようになったのはそれから二十八年後、天皇ご在位五十年の昭和五十一年のことである。

この年、時事法律解説をはじめ中堅法律家の研究論文などを掲載する雑誌『法律時報』の四月号は、左翼の法学者や歴史家らが天皇や皇室を批判する論文を載せた。戦後三十年といっても、まだ学会もマスコミも、左派にあらずんば人にあらずという時代だった。

この雑誌を、皇太子殿下を通じて丹念に読んだ昭和天皇は、こう独《ひと》り言《ごと》でため息をついたという。

「天皇とは、このように侘しいものなのか」

これを耳にした侍従長の入江相政《いりえすけまさ》は、ここに書かれていることに関する昭和天皇のご下問に答え、論文に反論できるようなまともな学者はいないかと探したが、みな「自信がない」と断ってきた。

四月は人事異動の季節であり、皇居でも役人の入れ替えがある。その移動に伴う新旧役人との午餐会《ごさんかい》の席で、入江が仕方なく昭和天皇に不首尾を伝えると、天皇はしばらく考えた後、こう尋ねた。

「かつて二十八年前に、三上という青年がいたが、あの者はいかがしただろうか」

午餐会には、皇宮警察の警務部長を務めていた仲山順一も出席していた。偶然にも仲山は、鳥取県警の警務部長だった頃に三上と会ったことのある人物だった。

「もしや、私の存じ上げている三上先生のことではないでしょうか」

仲山はそれを確かめるとすぐに三上に連絡し、「すぐに東京に来てください」と求め、三上も快諾した。三上は六月十三日に、宮中に参上することとなった。

この日、東京のある会社で講演（講演料はどんな裕福な企業でも一律五万円と決めていた）を終えた三上のもとへ、侍従が菊の御紋章の乗用車で迎えにきた。

車が皇居・坂下門に着くと侍従はいったん車から降り、「御同乗を賜りましょうや」と礼を尽くした。三上が「どうぞ」と答えると再び乗車し、車は宮中の賢所《かしこどころ》へ向かった。

賢所では式部官長の湯川盛夫が待っており、三上一人のために祭典を執り行った。湯川は言った。

「ここを開けてお祀りするのは、天皇陛下の御即位式と国師をお迎えする時だけです。私は陛下の御即位式には列席しておりませんでしたから、これは初めてで最後の機会かと思います」

一民間人に対して最高の待遇で迎えたことになる。

祭典を終えた三上は宮中から下がり、七月十日にいよいよ昭和天皇に拝謁することが決まった。

そして皇居・宮殿で二十八年ぶりに三上の姿をじっと見た昭和天皇は一言、こう懐かしんだ。

「よくぞ、大きくなってくれました」

三上は即座に地に伏し、万感の思いの中で声を絞った。

「かつて楠木正成が後醍醐天皇に申し上げました。『正成一人生きてありと聞こしめされ候はば、聖運ついに開かれるべしと思し召し候へ』と。まさに私はその気持ちでございます」

南北朝時代を舞台にした『太平記』にかけて、忠臣、正成たらんとする決意を伝えたのである。

昭和天皇は涙ぐみ、応じた。

「ありがとう。どうか皇太子と皇太子妃の教育をお願いする」

七月二十一日には、皇太子はもちろん、皇位継承権のある者はオブザーバーとして出席するようにとの昭和天皇の意向で、三上は宮様方を含む皇族たちに講義をした。

終わると、昭和天皇が三上に問うた。

「私は時々、妙なる音楽が聞こえてくることがあるが、あれは錯覚だろうか」

三上は皇太子の方を向き、はっきりとこう答えた。

「それは天皇様が高い神と繋がっておられるからでありましょう。またそうでなくては、天皇様のお役目は務まりません」

その年であったか翌五十二年であったか、三上がいつものように宮中に参じると、入江からこんな話があった。

「陛下が、三上先生に何もお礼をしたことがないとお気にされています。陛下はお手元不如意であるから、せめてネクタイぐらい受け取ってもらえませんか」

三上はこう応じた。

「いえ、私はネクタイはいりません。望みは直接、陛下に申し上げます」

入江が「一体、何を求めるのやら」と内心ハラハラしながら昭和天皇と皇太子が待つご執務室へと案内すると、三上は早速、昭和天皇に伝えた。

「ただ今、入江侍従長から陛下の思し召しでネクタイをいただけるとのお話がありましたが、それよりも私の歌を聞いてください」

三上が歌ったのは、万葉集の歌詞を引いた国民歌謡で、戦時中は第二国歌ともいわれた『海行かば』だった。お二方はご起立になって聞いていたという。

海行かば　水漬く屍　山行かば　草生す屍　大君の　辺にこそ死なめ　かへり見はせじ

三上自身、下手をすれば台湾沖で水漬《みづ》く屍になっていた身である。歌い終わると、皇太子がつかつかと三上のそばに来て、「ありがとうございます」との言葉をかけてきた。

この時にネクタイを受け取らなかったため、三上家には何も昭和天皇との記念になるようなものは残っていない。

その後も三上は毎月一回、昭和天皇の下へ伺ったが、皇太子はこの日以後は同席せず、公務に励むこととなった。

三上の皇居参内はちょうど十年間続くが、三上は昭和天皇の肉声を、記録していない。祥恵夫人に参内後、電話で三十分ぐらい「こんなことがあったよ」と話すこともあったが、祥恵夫人が「私が聞き取ってメモしておきましょうか」と尋ねたら、「そういうことはすべきでない」とにべもなく断っている。

だから、三上が口にしたエピソードは、祥恵夫人の記憶に残っているものだけである。ただ、祥恵夫人には、「昭和天皇は無私なお方だ」という強い印象を残した。

たとえば、次のような会話を通じ、昭和天皇の人柄と、三上との関係がどのようなものであったかの一端がうかがえる。

ある時、昭和天皇が三上に問いかけた。

「私は死んだらどうなるのだろう」

三上は迷わず、こう答えた。

「陛下、我々が行くそれとは違うでしょうが、間違いなく地獄です。陛下は先の戦争で戦死した二百六十万人の因縁を受けなくてはなりません」

昭和天皇は一言、「そうか」とだけ述べたが、それで得心した様子だったという。

また、昭和六十一年夏に、中曽根康弘首相が前年には公式参拝していた靖国神社参拝をとりやめたことがあった。これについて、中曽根とも親交があった三上は、昭和天皇に謝ったことがある。

「中曽根首相がせめて、もう一年続けてお参りしていれば、陛下も靖国に……」

昭和天皇はあっさりと言った。

「三上先生、私はあなたにそんなことはお願いしていないよ」

三上は昭和天皇に「私を陛下の名代として靖国に遣わしてください」と願い出て、靖国神社に

参拝した。すると、日本兵の部隊が眼前にさっと並び、みな安心して昇天するのを三上は感じたという。

昭和天皇から突然、こんなことを聞かれたこともあった。

「三上先生はお酒はたしなまないのか」

三上は本当は酒を飲めたが、飲まないようにしていた。そこでこう説明した。

「いろんな方から、いつどこで相談を受けるか分かりません。だから私は、飲めないことにしています」

三上の師である今津老師が酒飲みだったことを思うと興味深い。ただ、自身もあまり酒をたしなまない昭和天皇は、自分も西洋人には雑音と聞こえる虫の音を美しいと感じる日本人の感覚に誇りを持っており、鈍らせたくない旨を語り、三上に共感したようだった。

祥恵夫人は、三上と昭和天皇、また政治家との交流を通じ、その違いを振り返る。

「歴代首相だったら『今こんな問題がある。どうやって乗り越えるか』と主人に相談する。一方、陛下は常に百年先の国の形を見据えて、『この問題の原因は何か。この答えで百年後の日本は大丈夫だろうか』という視点でお話になるようでした」

三上はもともと岸信介とは縁があったが、実兄である岸を通じてかどうかははっきりしない。昭和三十九年頃に、首相に就く佐藤栄作から「内閣のブレインにならないか」と三上に声がかかった。

三上は正式なブレインとなることは断ったが、「個人的に相談に乗れることがあれば」と非公式な相談相手となることは了承し、「意見を聞きたい」と時々呼び出されては話をすることとなった。東京・赤坂の料亭に三日間ほど缶詰にされ、夜の空き時間に相談に来る佐藤や佐藤内閣の閣僚らに待たされたこともある。このときは日中には、佐藤の寛子夫人が話をしにきた。

佐藤は後に、岸の孫に当たる安倍晋三に抜かれて三位になるまで、首相在職期間は桂太郎に次ぐ歴代二位の長期政権を築いていた。三上がある時、佐藤に呼ばれて行くと、そこには岸をはじめ五、六人の要人たちがいた。その場で三上は佐藤に尋ねた。

「結局、いつまで首相を続けたいのですか」

佐藤が「みんなが推してくれる限り」と答えると、三上はこう一喝したという。

「死ぬまでに絶対にこれだけは成し遂げたいということはないのですか！」

相手の世俗権力を恐れない禅坊主である三上らしいエピソードだといえよう。三上が祥惠夫人には話した各首相の様子は、それぞれの個性を表しているようで興味深い。

極め付きの金権政治家との悪評もある一方で、「コンピューター付きのブルドーザー」と称賛されもする田中角栄は、せっかく三上を招いても、相談するというより結局、独りで自分の話ばかりしていたという。

三上は何のために呼ばれたのかさっぱり分からなかったとこぼしたが、田中はあるいは三上に話をすることで、自分の考えをまとめていたのかもしれない。

田中に関しては、こんな逸話がある。田中はその後、ロッキード事件などでマスコミや政財界など各界から非難されて病を得て、闘病生活を余儀なくされた。

そんなある時、三上が皇居に参内すると、昭和天皇がこう尋ねてきたことがあった。

「田中にはいろいろと（国家が）世話になったが、体は大丈夫か」

昭和天皇は、国民が田中について何と言っているかは二の次で、田中の体調を気遣っていたのである。

三上はその田中のライバルだった福田赳夫からは、政界入りを求められた。首相に就任する直前の昭和五十年頃だったか、福田は大勢のお供を連れてわざわざ東京から京都にいる三上を訪ね、懇願してきた。

「ぜひ政界に出てくれないか。当選したら一年生議員といえども、大事なポスト、（自民党の）局長クラスは用意しておくから」

三上はこの熱心な誘いに少し迷い、すでに亡くなっていた今津老師の墓前に相談に行ったものの、結局は、「個人的にお役に立つことがあればお呼びください」と応じなかった。

その後も、福田からはちょくちょく相談されたが、三上がせっかく述べた意見は絶対に容れなかった。こういうところにも昭和五十三年の自民党総裁選で敗れた際、「天の声にも変な声がある」と言った福田のプライドの高さが垣間見える。

三上はたびたび上京し、首相をはじめ政治家らの相談を受けていたが、その具体的中身については一切語らなかった。祥惠夫人もまた、聞くべきではないと考えていた。

そんな三上が気が合ったのは、官房長官や外相などを歴任した園田直だった。福田内閣の外相時代には、三上もたびたび大臣室を訪ねていたという。その縁で祥惠夫人は、園田の妻で、日本初の女性代議士の一人でもあった園田天光光《そのだてんこうこう》に可愛がられ、一緒に旅行に行くようにもなる。

三上の講話相手は多岐にわたり、幅広かった。昭和五十二、三年頃には、京大教授、防衛大学校長などを歴任した猪木正道に乞われ、東京・市ケ谷の防衛庁にある大講堂で講

陶芸家・楠部彌弌氏と福田首相

演したこともある。

その五年前の四十八年には札幌地裁で、「自衛隊は軍隊であり、憲法第九条が保持を禁ずる戦力に該当する」という日本の裁判史上で唯一の例である自衛隊違憲判決が出ていた。

当然、自衛官や防衛大学校生が受けたショックは大きく、猪木は彼らを励ますことができる人間として三上を選んだのだった。

三上は「私は学者ではないから」といったん断ったが、猪木はこう訴えた。

「学者の言葉では、自衛官や防衛大生の心を打たない。ぜひ三上先生にお願いしたい」

引き受けることになった三上は、「ここはかつて極東国際軍事裁判（東京裁判）が行われた場所なのだ」と感慨を覚えつつ、原稿も持たずに登壇した。

「青年たちよ、国を護ることに誇りを持て」

マイクも手にせず広い講堂で熱弁を振るった三上は後で、主催者側から「先生、もう若くないのだから文明の利器を使ってください」と言われたとのことである。

横綱朝潮と三上照夫

昭和天皇から歴代首相、経済界では松下電器産業の創設者で「経営の神様」と呼ばれた松下幸之助に至るまで、三上と会いたがり、その話を聞きたがったのはなぜだろうか。

あくまで市井《しせい》に暮らして一介の禅坊主を貫き、利害や損得を度外視した三上の透徹した真っ直ぐな目と向き合い、その声をきく。それによって、みなそれぞれの迷妄から覚めて進むべき道が分かるような思いがしたのではないか。三上の講演録に触れ、足跡をたどると、そんな気がする。

三上が残した『憲法問答』という昭和三十八年の文章の中に、こんな一節がある。

「（憲法）前文は懲罰に対する贖罪即ち、罪の自覚なのです。罰の許しには、丸はだかになって詫び状を入れ、どうぞ何なりと、おまかせ致しますとの宣言が次の『平和を愛する諸国民の公正と信義に信頼して、我等の安全と生存を保持しようと決意した』なのです」

一読してはっとしたのは、令和四年七月八日に暗殺された安倍晋三が、繰り返し憲法前文について こう述べていたからである。

「現憲法の前文は何回読んでも、敗戦国としての連合国に対する詫び証文でしかない」（『諸君！』平成十七年六月号）

「詫び状」と「詫び証文」は同じ意味だと言っていい。三上は早い時代から、時代や世相の枠を飛び越えて本質を見通す目を持っていたのだと、改めて痛感した瞬間だった。

三上の生涯は、世間に広く知られて注目を集めるような華々しいものではなかった。だが、市井で、また宮中で永田町で多くの人に影響を与え、日本を突き動かしてきた人生だったのかもしれない。

昭和天皇は昭和六十四年一月七日午前六時三十三分、八十七歳で薨去《こうきょ》した。三上が天命を全うしたのはその五年と一日後、奇しくも同時刻のことだった。

阿比留 瑠比（あびる るい）

産経新聞論説委員兼編集委員。昭和41年福岡県生まれ。早稲田大学政治経済学部卒後、平成2年産経新聞入社。仙台総局、文化部、社会部を経て政治部へ。首相官邸キャップ、自民党担当等を務める。主な著書に『総理の誕生』『政権交代の悪夢』『安倍晋三の闘い』『マスメディアの不都合な真実』（共著）『安倍晋三の歴史戦』（共著）等多数ある。

II 第三の文化の時代へ

第一章

日本の視点より見た大東亜戦争

昭和四十（一九六五）年頃の講演録より

昭和四十年代は、第二次の高度成長期で未曾有の高度成長を記録。昭和四十（一九六五）年には、国内の反対を押し切り、佐藤栄作内閣は「日韓条約」を締結。四十二年には人口が一億人を突破した。

先制攻撃したのはどちらか

勝てば官軍、負ければ賊軍として、東京裁判は日本を賊軍とみなし、真珠湾攻撃は日本の卑怯なやり口だと、今日も言われております。果たしてそうでありましょうか。

昭和十六（一九四一）年十二月八日、日本の真珠湾攻撃で始まったはずの太平洋戦争。ところが、『米海兵少佐パトナムの大鳥島（ウェーキ島）守備中の日記』（１９７８　日本学協会関西事務所）によれば、

「十一月二十八日、日本の艦船群を見つけ次第、これに発砲攻撃せよ」

と、攻撃命令を受けていたことが載っております。しかし東京裁判においては、日本の仕掛けた侵略戦争だということで、A級戦犯とされた人々が断罪されました。

けれど、私はこのパトナムの日記を見ておりますので、一体どちらが本当かと言いたいのです。

アメリカの歴史学会を代表するアーノルド・トインビーと並び称された学者の*チャールス・ビアード博士が『ルーズベルト大統領と１９４１年戦争の到来』（１９７２　防衛研修所）を書いております。また、ヘレン・ミアーズ女史が『アメリカの鏡・日本』（２００５　角川学芸出版ほか）を、イギリスの枢密院顧問官モーリス・ハンキー卿が『戦犯裁判の錯誤』（１９５２　時事通信社出版局ほか）を書いております。

＊チャールズ・ビアード（1874〜1948）
歴史家。経済的利害を重視した史学を提唱。二度来日し、東京の市政調査や関東大震災後の復興計画に参与した。

それぞれが皆、東京裁判とは嘘で固めたインチキ裁判だと言っております。

十二月八日に真珠湾の攻撃をした。しかも急撃！　宣戦布告三十五分前に攻撃したとして東京裁判で問題になりました。

その攻撃を受けた側、アメリカ太平洋艦隊駆逐艦部隊の司令官ロバート・A・シオボールドが『真珠湾の審判』（1983　講談社）という本を書きました。この人はアメリカで裁判を受けました。その裁判記録です。

「日本が攻撃してくる可能性があるというのに、あの時、何故《なにゆえ》兵隊達に休暇を出したのか。お前は不謹慎ではないのか……」

ということで、裁判になるのです。その裁判記録の中でシオボールドは、

「決して不謹慎ではない。日本が真珠湾を攻撃する二時間前に日本の潜水艦と駆逐艦を攻撃している」

と証言しています。日本の真珠湾攻撃の前に、明らかにアメリカ側が日本側に攻撃を仕掛けたことを証言しているのです。

東京裁判の裁判官の中に唯一人、東洋の代表としてインドのパール博士*がありました。この人は堂々と『日本無罪論』（1952　日本書房ほか）を書いています。東京裁判において唯一人、「日本無罪！」と言った裁判官がいたということです。

*パール博士（ラダ・ビノード・パール　1886〜1967）
日本の戦争犯罪を裁いた東京裁判（極東国際軍事法廷）の11人の判事団にインド代表として加わった。「被告全員無罪」を主張した。

日本の仕掛けた侵略戦争であった――と信じているのは日本人だけです。ことに、戦後の教育を受けた者だけだということを知っておいて欲しいのです。私は戦前の郷愁にかられる年齢ではございません。終戦した時は十七歳でしたから。

ビアード博士が、

「そろそろ本当のことを言っても差し支えないであろう。アメリカはかかる過ちを再び犯してはならない」

と言っているのです。

中国狙いの西洋列強

ヨーロッパには一つの迷信がありました。

中国の真ん中を流れる黄河の流域を支配する者は、世界を支配する者である――と。

黄金の島ジパングに対する憧れはマルコ・ポーロより始まり、世界の泥棒達は、一斉に中国に触手を伸ばしました。まず、イギリスはインドとマレー半島の突端のシンガポールを取った。さらに香港を取り、着々と中国に魔の手を伸ばしていったのです。ことにアヘン戦争などでたらめな戦争でした。このようにしてイギリスは虎視眈々と中国全土を狙っていたのです。

フランスは現在のベトナム、旧インドシナを取って中国を狙いました。オランダはインドネシアを取って中国を狙い、遅ればせながら、ソビエトはモンゴルを伝って、いわゆる南進論を取り、これが満州事変の勃発となりました。

と、ヨーロッパの歴史家は等しく言っております。

さらに、アメリカは太平洋のど真ん中にあるハワイを取り、当時日本の統治下にあったグアム島、台湾、沖縄を取ろうというのが、百五十年前からの野望であったと、ビアードもミアーズもシオボールドも言い切っております。

これが歴史の真相なのです。この世の中は「悪にして滅びず、愚にして滅ぶ」ということなのです。

会社にしても、国にしても、決して悪人が滅ぼすのではなく、目先の見えない愚か者が多ければ、愚にして滅ぶのです。

明治維新はイギリス対フランス

明治維新の戦いは薩摩・長州の連合軍と幕府の戦いだと思われています。そうであることに間違いはありません。実は、香港の次に全ての西洋列強は、日本を狙っていたのです。

君主国であり道義の国としての日本を、このアジアの「番犬」を料理しなければ、中国への接近作戦は出来ぬというのが、全ての西洋列強の共通の悩みであったと言っています。

そういう中で、明治維新は起きました。薩摩・長州と幕府との内輪の戦いではなかったのです。当時、日本に目をつけたフランスは幕府側につき、フランスの武器弾薬でもって長州征伐をやったのです。長州が負けて家老が腹を切った。これでは日本がフランスに取られると心配したイギリスは、幕府に対抗する薩摩に勝たせんがため、薩摩にテコ入れしました。

薩摩の軍事教官もイギリス人なれば、長州の高杉晋作の率いる奇兵隊の教官もイギリス人であったのです。

第二回目の長州征伐に見事、長州が勝ったのは、フランスの武器弾薬に対し、イギリスの武器弾薬で勝ったのです。この買いつけを薩摩がやってくれたのです。

何のことはない、世界の歴史家達は、明治維新の戦いは、英仏戦争やクリミア戦争が日本の頭上で行われたのだと言っているのです。

こういうことを言い切る日本の学者はどこにもおりません。しかし、ヨーロッパでは当然のように言われているのです。これくらい日本は当時狙われていたのです。

歴史の現実は、その裏面から見ればそんなに甘いものではないのです。

嘉永六（一八五三）年、（アメリカの）ペリーが浦賀に来航しました。時の（大老）井伊《いい》掃部頭《かもんのかみ》（井伊直弼）が無条件降伏に等しい通商条約を結び事無きを得ました。

しかし、ペリーの日記帳によればその目的は明らかです。黒船は江戸に向かって大砲をぶち込むことを命令されていたのです。あの時日本が抵抗していたら、日本はハワイのように、アメリカの星（州）の一つになってしまっていたでしょう。

こういう状況に置かれて起こったのが、あの明治維新だったのです。

祖国の前途を憂える下級武士達が大同団結を叫んだので事無きを得ましたが、当時の日本がいかに危なかったことでしょうか。でも、現在の日本はそれ以上に危ないのです。

西洋諸国の古くからのこうした動きが大東亜戦争の根底にあるのです。

大東亜戦争の真因

では、大東亜戦争はどうして起こったのか――。

当時、日本の安い繊維製品が南方方面でどんどん売れ、イギリスのランカシャーの繊維が売れなくなりました。そのためイギリスは、経済上の理由から日本を敵国とみなしました。そこへ、一九二九（昭和四）年、世界大恐慌がやってきました。この不況がやってきた時に、世界の六十六か国が集まって相談をしましたが、まとまりませんでした。

この時、アメリカとイギリスとフランスのエゴが出たのです。

どうエゴが出たか――。それは、持たざる国を餓死に追い込むことによって、持てる国が生き残ろうということです。その死刑宣告を受けたのが日本とドイツとイタリアでした。

そこで何をしたか。日本に対する経済封鎖です。いわゆる「A・B・C・D」の経済封鎖です。（A〔America〕アメリカ、B〔Britain〕イギリス、C〔China〕中国、D〔Dutch〕オランダ）

当時の日本は一年間にたった三百万キロリッターの石油しか使っていなかった。その石油を遮断。そういう形で日本を餓死に追い込もうとしたのです。

日本も生きて行かなければなりませんから、当然、南方へ活路を見出そうとしたのです。生か死かのために腕力をもって出ようとしたのはそこにあるのです。

昭和十六（一九四一）年十二月八日の真珠湾攻撃の十三日前、十一月二十五日、ホワイトハウスで重大会議が開かれました。出席者はルーズベルト大統領、ハル国務長官、スチムソン陸軍長官、ノックス海軍長官、マーシャル陸軍参謀長、スターク海軍作戦部長でした。

そこで何が話し合われたのか。

「いかにすれば、日本を窮地に陥れて、最初の一発を日本に撃たせることが出来るか。最初の一発を撃たせることが出来ない限り、アメリカは侵略国の汚名を受けなければならない。これは誠に難しい注文であった――」

スチムソンの十一月二十二日の日記帳にこう書いてあるのです。十一月二十六日、ハル長官が「ハルノート」という最後通牒を日本に突きつけました。当時日本は中国と戦っていました。これに関して「ハルノート」は、次のような内容でした。

①日本は中国に対して無条件降伏せよ
②日本の財産をすべて移管せよ
③武装解除せよ
④日、独、伊の防共協定を破棄せよ
⑤南方方面の市場を放棄せよ

降伏、財産の移管、武装解除、防共協定の破棄、市場の放棄、この五項目のうち一項目といえども聞き入れることが出来なければ、これをもって最後通牒とする、宣戦布告に代える――という通知でした。

インドのパール博士は、東京裁判で堂々と言いました。

「このような無理難題を押しつけられたら、モナコやルクセンブルクのような小さな国でも干戈《かんか》を取ってアメリカに立ち向かうであろう。それを承知でアメリカは無理難題を押しつけたのではないのか」

と。アメリカは、十一月二十八日、

「日本の艦船を見つけ次第、発砲攻撃せよ」

との攻撃命令を出しました。日本が宣戦布告をする十日も前のことです。『パトナムの日記帳』は嘘ではありませんでした。

アメリカは、このような無理難題を日本に浴びせかけたら、次の月曜日十二月一日に日本が攻撃してくると考え、日本に最初の一発を撃たせるよう誘導したのです。

当時、ルーズベルト大統領がいかなる策略を用いてでも開戦しようとしていたことが判明しています。アメリカ国民を奮起させ、団結させて戦争へ引率していくには、どうしても日本を窮地に陥れて攻撃をさせねばならなかったのです。

ルーズベルト大統領が日本に過酷な外交・経済的圧力を加えて、ついに日本に開戦を余儀なくさせ、それが日本の奇襲、真珠湾攻撃となって現れたのでした。

日本に対して仕組まれた悲劇だったのです。

「天皇なんてくだらん者がいたから戦争したのだ」

と、戦後の教育はすべてそう教えます。ところが、戦争やむなしという状態におかれても、なお頑《がん》として戦争に反対されたのは天皇だけでした。

「戦えば前途に花ある若者が血を流さねばならぬ。何か和解の道はないか、何とか打開の道はないのか」

と、頑として陛下は抵抗されたのです。開戦やむなしの状態に置かれたにもかかわらず――。

さて、これでも効果なしと考えたアメリカは、太平洋艦隊を真珠湾に結集し、十二月十日を目標に東京湾敵前上陸の命令を発しました（事実は十二月二十日頃になったであろうとアメリカは言っておりますが）。

この状態に置かれても日本は立ちませんでした。

「東條は、東條は」

と人は言いますが、東條英機＊首相は主戦論者ではなかったのです。

＊東條英機（1884〜1948）
陸軍軍人、政治家、首相。関東軍参謀長、陸軍次官経て、第二次・第三次近衛内閣の陸軍大臣となり、対英米開戦を主張。東京裁判でA級戦犯として絞首刑

一方、海軍の山本五十六（聯合艦隊司令長官）は和戦両用の構えをとった。海軍が一番最初に戦わねばなりませんから。彼は有名な平和論者でした。

「どうしてもやらなければならぬのなら、奇襲戦しかない」

と考え、真珠湾と地形の似ている九州桜島で訓練に訓練を重ねました。

だが陸軍軍務局長武藤章だけは、

「ジリジリと痛められ、そして敵前上陸され、あらゆる文化、産業を破壊されて、女子供は凌辱を受けて。果たしてそんな国が立ち上がれるのか。戦争哲学の示すところによれば、たとえ敗れてでも、民族の総力を結集して戦った国は立ち上がっていく。何を逡巡しているのか！」

と。つまり、この時点で主戦論を唱えたのは、武藤章唯一人でした。彼は気の毒にこの一言で、東京裁判で絞首刑にかかるのです。

さて、和戦両用の構えをとった海軍としては、もしもやらねばならぬのなら、なるべく遠い地点でアメリカ太平洋艦隊を叩かなければ、東京湾に敵前上陸される。そこで、「窮鼠猫を噛む」の例えの如く、日本海軍が真珠湾攻撃を行った。それがアメリカ側に宣戦布告書が届く三十五分前だったのです。

しかし、幸か不幸か、日本の宣戦布告一時間前に、日本の潜水艦と駆逐艦がアメリカに攻撃されて、潜水艦が沈んでおりますから、「最初の一発」はアメリカの方が先だったのです。勝てば官軍、負ければ賊軍としての「東京裁判〝劇場〟」において、日本の意見は何一つ通りませんでした。

ビアード博士は著書の中で、

「日本は誠に気の毒であった」

と書いています。

定義なき「侵略戦争」

東京裁判において、花形検事キーナン*は、東条に直立を求めて「平和に対する罪」として論告しました。侵略戦争として――。

しかし、東條側の弁護士清瀬一郎*は立派でした。「侵略戦争をやったと言うなれば、侵略戦争の定義を明らかにせよ」と。最初の一発は――。宣戦布告は――。すべてアメリカにとって不利でした。侵略戦争の定義を清瀬一郎が求め、また有名な管轄権問題の争いも、清瀬一郎はキーナン検事に堂々の論戦を挑みました。そして遂に侵略戦争の定義は出なかったのです。

＊キーナン（ジョセフ・キーナン　1888〜1954）
アメリカの政治家、弁護士。東京裁判において、首席検察官を務め「天皇に戦争責任はない」と主張した。

＊清瀬一郎（1884〜1967）
大正・昭和時代の弁護士、政治家。東京裁判においては、東條英機等の弁護人を務め、政治家としては、文部大臣、衆議院議長を務めた。

「管轄権問題とは、この裁判所は、審理対象の事件より後に作り出された罪名『平和に対する罪』

『人道に対する罪』などという所謂《いわゆる》『事後法』によって被告を裁こうとしている。しかし元来この裁判所はそんな権限を有していない――という、法理的に正しい主張であり、この動議が通れば東京裁判法廷自体が直ちに存立の根拠を失う――」

侵略戦争の定義を示さず、どういう罪状だと言うのか。

「日本の国は大勢の捕虜を虐待し、長年の戦争において人類文化を逆行せしめた」

と。これがどうして侵略戦争の定義ですか。だから、絞首刑にかけられた戦犯達は誰一人、侵略戦争の罪とはなっていないのです。判決文はすべて「捕虜虐待」です。それを新聞は皆、

「侵略戦争の罪だ」

と書いたのです。判決文は侵略戦争の罪とはなっていないのにです。そういうところに、日本側の問題があるのです。

ソ連の裏切り

昭和二十（一九四五）年六月二十七日、日本はソ連*に降伏文書を渡しました。今の若い諸君には通じ難いことでしょうが、日本の示した条件はたった一つ。

「天皇陛下の体に傷をつけない」

ということだけでした。

＊ソ連（ソビエト社会主義共和国連邦の略称）
１９２２～１９９１年までユーラシア大陸に存在した社会主義国家。最大かつ最も多くの人口を擁するロシア共和国（現ロシア連邦）内のモスクワを首都とした。

政治、経済、軍事一切に関する無条件降伏を、日本が独立国家の体面を保って敗戦出来るようにと、中立条約有効期間中であるソ連の友情と信義に照らして――。

それに期待をかけて、日本はソ連に降伏文書を渡しました。

ソ連のマリク駐日大使はモスクワへ打電した。その後、米英中ソの四者会談がもたれました。「捕らぬ狸の皮算用」という言葉がありますが、台湾は中国に返すが、権益はアメリカが取る。小笠原、沖縄はアメリカが取る。満州は中国に返すが権益はソ連が取る。樺太と千島はソ連が取る――。

泥棒達の天下三分の計は成り立った。

一方、日本には待てど暮らせどソ連からの返事が来なかった。だが、ついに、

「明日に返事を」

という嬉しい連絡が日本に来ました。近衛はじめ日本の閣僚は、ソ連の友情と信義に感謝して、

「我々は敗戦したとは言いながら、独立国家の体面を保つことが出来る」

と期待した。ソ連に渡したのは「無条件降伏」であった。しかしソ連の「返事」とは、突如ソ

連と満州の国境を突破する宣戦布告でした。

およそ、負けて無条件降伏する国に対し、しかも中立条約一年間有効期間中の国に対して、あえて宣戦布告した国はソ連が唯一であるということを、我々は忘れてはなりません。

こういう国を平和愛好の国だと思っている社会党や共産党――。

歴史の現実はそんな甘いものではなかった。

そこでインドのパール博士は、毅然として質問した。

「捕虜を虐待したことが戦犯であるならば、日本は六月二十七日に降伏文書を渡した限り、日本は捕虜ではないのか。その捕虜である、しかも戦闘員でない老人、女子供や犬や猫、草木に至るまで、一発の爆弾をもって二十数万人を殺戮した広島、長崎に投じられた原子爆弾は、捕慮虐待ではないのか」

と。

理解されぬ占領政策の真の意図

神の名による公正な裁判であったはずの東京裁判の一ページに、ウェッブ[*]裁判長の原子爆弾の責任に対する回答が出ております。

＊ウェッブ裁判長（ウェッブ・ウィリアム・フラッド　1887〜1972）
オーストラリアの弁護士。連合国戦争犯罪委員会のオーストラリア代表となり、東京裁判ではマッカーサー元帥から裁判長に任命された。

「日本人は人間にあらず。原子爆弾の威力が如何《いか》なるものであるかということを動物実験に使ったのが何故悪い――」

我々日本人は欧米人から見れば、人間によく似たサルにしか見えなかった。これが歴史の現実だったのです。

こんな国々が平和愛好だとか民主主義だとか人道主義だとか――何と思われますか。

ウェッブは確かにこう答えたのです。これは東京裁判の記録にあります。

大東亜戦争というものは、こういう形で行われ、かつ、また戦後の状況であったのです。

戦争をして勝った国が負けた国を栄えさせるために戦後政策をするでしょうか。日本は西洋列強が命を賭けて戦った相手です。敵なのです。

アメリカの占領政策にしても、教育制度改定にしても、日本が再び栄えて西洋列強のライバルになれるように――、そんな馬鹿なことはしません。何故これが理解されぬのだろうか。

勝った国が負けた国を早く栄えさせて再び抵抗するだけの力をもつようにするか、再び立てぬようにするか――どちらが常識なのだろうか。

こういう話一つすら、今日の日本人は理解してくれないのです。

パール博士の心底にあるもの

インドのパール博士の話をいたしましょう。

パール博士が東京裁判に行く時に、奥様は病床に伏せっておられました。明日をも知れぬ状態で、奥様がこう言われたそうです。

「日本と戦いを交え、日浅くして感情の覚めやらぬ時に、神の名による公正な裁判など出来ようはずがない。きっと勝った国が負けた国に対する復讐を裁判の名においてやるだけだろう。日本と戦いを交えず、しかも東洋から選ばれた、たった一人の裁判官であるパール、貴方だけがこの裁判を行う唯一の資格者だ」

パールは頷《うなず》いて東京へ来た。しかしパールは激怒した。

「日本の出す証拠はすべて却下し、挙句《あげく》には日本の弁護士の服装検査をして書類を取り上げ…、一体これが裁判か」

と。パールはいささか日本贔屓《びいき》だという評判が立ったのか、彼のところへは幾多の脅迫文書が舞い込んだそうです。

ある夜、パールのところへ「奥様危篤」の電報が届きました。痩せこけて、今まさに死せんとする妻の病床に立った時、奥様はこう言われたそうです。

「貴方が病気の妻を見舞うために帰って来て下さったということは嬉しいことだが、裁判官の妻としてわびしい。何となれば、悠久二千六百年、血と涙と汗との結晶をもって築き上げて来た日本の歴史が、今まさに終わろうとしている。しかも、事の良し悪しにかかわらず、前途に花も実もある人生に別れを告げて、祖国の前途を信じて、一機一艦の特攻隊なる青年まで生み出した日本の国の歴史が、今まさに終わろうとしている。

八千万人という人達がどのように裁かれていくのかという思いの魂が、パール、貴方の肩先に見えないのか。そのような重大な裁判を後にして一介の病気の妻を見舞うために帰って来たということは、裁判官の妻としてわびしい。早く東京へ帰って欲しい」

と。パールは頷いて、一晩の看病をもすることなく東京へ再び立ちました。言わずもがな、パールの奥様は、まもなく息を引き取ったのでした。

何故、インドのパール博士が日本に対してこのように情熱をもってくれたのか。

それは、独立を失って植民地化された国の惨めさを、身をもって知っていたからでした。

インドは長らくイギリスの植民地になっておりました。イギリスはインドの家族制度を破壊せんとした。お腹に子供を身ごもった婦人たちを集めて惨殺もやった。「カッタン、カッタン」との手織物工業の発達は、イギリスのランカシャーの織物が売れなくなるというので、織姫達を集めて十本の指の第一関節を寸断した。

民族独立運動の志士達は六親等に至るまで殺された。いったん独立を失った国の惨めさというものを、インド人は身をもって味わってきました。

過ちを犯したのは誰か

問題はここなのです。

ベトナム戦争において何故アメリカは勝てなかったのですか。朝鮮戦争で、アメリカは大東亜戦争の二倍のお金を使っています。その朝鮮戦争の三倍のお金を使ったのがベトナム戦争です。大東亜戦争の六倍のお金を使って、七十万人の軍隊を導入して勝てなかったのです。

大東亜戦争当時、インドシナ半島はフランスの植民地でした。

当時のフランス人が一日二円の生活をした時に、現地人には二銭（百分の一）の生活を強いたのでした。現地のどのような金持ち、インテリであろうとサンダル、靴を履く自由を与えなかった。このような立場で白人の支配下で植民地化された彼等は、どれくらい歴史的恨みが骨髄に達していたことか。

この白人に対する恨みのあるところに、ことの如何《いかん》にかかわらず、白人が乗り出して来ても治まらないのがベトナム戦争です。それがベトナム戦争の実体です。

その証拠に、日本の山下奉文の率いる軍隊は、北ベトナムから南ベトナムの端まで十日間で進撃したのです。それは何故か。実は、日本軍が強かったのも事実ですが、日本軍が白人を追っ払ってくれたので、住民達が全員応援したからなのです。

インドのパール博士が日本に来て、広島の原爆死没者の慰霊碑の前に立った時、

『安らかに眠って下さい、過ちは繰返しませぬから』

の碑文に向かって怒りました。

「誰が過ちを犯したのだ。日本人が仕掛けた侵略戦争だと日本人は思っているのか。それとも広島の市民に何の過ちがあったのか。我々アメリカ人は——という主語が抜けておらぬか」

と言って怒ったのです。そして東京の靖国神社へお参りをして、

「私達は、この人達のお陰で独立出来たのだ」

と言ったのです。パール博士は東京裁判の判決文の最後にこう書きました。

「時が熱狂と偏見を和らげた暁には、理性が虚偽の仮面を剥《は》ぎ取った暁には、正義の女神がその秤を平衡に保ちながら、過去の多くの賞罰に所を変えることを要求するであろう——無罪」

東條英機の真実

そして、最も世界から誤解されているのは、東條英機です。キーナン検事は東條に直立を求めて、

「貴方は侵略戦争をやった。良心は痛まないのか」

と毒々しげに問いました。東條さんは、左手を後ろに当ててこう答えたのです。

「私のやりました行為は、天皇並びに日本の国民に対しては一言の申し開きの出来る行為ではありません。まさに万死に値する行為でありましょう。しかしながら、追い詰められた弱小国が自らの正義を守るために戦った正当防衛であったという信念においては今なお変わりがありません」

と、キーナンに真っ向から言い切ったのです。

キーナン主席検事と東條との一騎打ちが行われて五時間――論告したキーナンが論駁されて、書類を持って退廷したのです。

このようなことは裁判史上ないでしょう。すべて東條が法理的には勝っているのです。こういうことが東京裁判の記録の中にあります。

日本の経済は復興しました。しかしながら、日本人が日本を信じることを失い、経済は復興しても魂の独立をもち得ない。日本人であることの誇りを忘れた青年達を抱える国が、果たして独立国家として将来やっていけるのだろうか。

私は戦争がいいとは言いません。ただ、大東亜戦争は日本が仕掛けた戦争ではなかったということを知って欲しいのです。

親が子を思い、子が親を思う温かい日本的なものが、古臭い陳腐なカビの生えたものであるとは思わないで下さい。それは大きな迷信です。

誰かがその真相を伝えなければ、百年経ったら、日本が悪玉であったと子々孫々まで信じられてしまうでしょう。

誰かがその真相を伝えなければ――。

次にランケ『ローマ興亡盛衰記』の冒頭の言葉を挙げて講演を終わります。

個人と云わず、民族または国家と云わず
自らを信ずる力を失ったる者は滅びに至るものである。
その生存の理由、存在価値を失った者は滅びに至るものである。

ご静聴ありがとうございました。

【付記】

戦後は占領軍の支配下であり、日本国中の辻々ではGHQが目を光らせている時代です。その頃から三上は辻説法で、「日本の侵略戦争にあらず」と訴えました。

その度に、聴衆に向かっては「捕まるのは私だけだから、安心して耳だけこちらに向けてくれ!」と言い、群がる大衆に訴えました。警官たちは兵隊上がりの人が多かったのか、説法が終わるまで捕えることはしなかったそうです。

また、会社講演で生計を立てていましたから、講演の後は、いつもこの話を最後に付け加えることを常としました。

(三上祥恵)

第二章　日本の国柄《くにがら》

社会の形成と共通目標

各国ともに憲法には、「国体」と「政体」の規定があります。「国体」とは、現在「国民体育大会」の略称のように言われておりますが、これは本来「建国の理想」と一応、定義づけておきます。人間の集団が社会を作りました。その社会が、ある段階に達すると、いわゆる建国をするのです。国が出来てから社会が出来るのではなく、社会がある段階に達した時、国を作るのです。ですから、どういう国造りをするかという国家目標が、必ず必要になるのです。

会社も同じです。我々人間の集団が、一つの法人格上の会社を作ります。会社を作る限りは、「何のための会社なのか」

という、会社としての目標が必ず必要です。

人は食べるため、女房子供を養うために会社に居るのかも知れません。しかし会社という一つの人間集団を作る限りは、当然そこには共通目標がなければなりませんし、その共通目標達成のために、社員が存在しているのです。国で言えば、その共通目標というものが建国の理想であり、何のための国なのかという事になるのです。

アメリカの建国の理想は、自由主義国家です。

トーマス・ジェファーソン*等がイギリスの君主制の圧政から逃れ、自由の別天地を求めてアメリカ大陸に渡り、アメリカ合衆国を造った。この国の国家目標、国体は自由主義です。

＊トーマス・ジェファーソン（1743～1826）
第三代アメリカ大統領（1801～1809）。アメリカ独立宣言の主要な作者。共和制の理想を追求し、アメリカ合衆国建国の父の一人とされている。

ソ連の国家目標は社会主義です。

自由主義がいいか、社会主義がいいかを今、論じてはいません。少なくとも、こういう目標の下に出来上がった国だということをまず、理解して下さい。

アメリカは、如何に自由な国であっても、自由主義を覆《くつがえ》す自由は認めていません。自由主義を覆して全体主義、計画経済等にもっていこうとする共産党は、アメリカではもちろん認められていません。

アメリカであっても、その国柄《くにがら》を覆す自由は無いのです。同じことはソ連でも言えます。ことの如何は別にして、社会主義を覆す自由は、法が示すことにおいて処罰されます。どこの国においても国体変革、その国柄の変革というのは、法の示す反逆罪として裁かれるのです。

そしてこの国体の規定は、何処の国の憲法でも第一条に明記されているのです。これが原則です（ごく稀に第一条では無いものもある）。

ですから憲法第一条は母法として、根本法として扱われ、第二条以下とは異なった扱いを受けております。すなわち第一条は、国民である限り覆すことの出来ないものです。覆そうとすれば反逆罪を問われるものなのです。

国体の定義

国体という言葉が最初に日本で使われたのは、奈良朝時代の天台宗の理源大師*からと言われています。

＊理源大師（りげんだいし　832〜909）
平安時代前期の真言宗の名僧。光仁天皇の子孫。醍醐寺の開祖で真言宗小野流の祖。後に修験道の祖とされる。別名「聖宝」

「体《たい》」とは、原理原則という意味です。ですから「国体」とは、国の原理原則という意味です。会社にも良い悪いは別にして、原理原則があります。その原理原則は良さもある反面、悩みの種もあり、会社における社長自身の悩みもまたそこにあると言えるでしょう。

少し話がそれますが、仏教では、

「地大・水大・火大・風大」

と言って、いわゆる「地水火風」によって人間の体は出来ていると表現します。そして人間が死ぬというのは、肉体が土に還ること。血液リンパ液等の水も土に還ります。呼吸は肉体がなくなりますから遮断されます。

問題は、この人間の温もりが何処へ行くのかです。死ぬということは、温かみが溶けることです。

「火が溶ける＝火溶《ほと》け」

これが仏の語源です。

話を元に戻しましょう。奈良朝時代よりももっと古く出雲国の国造《くにのみやつこ》が出雲国の神様に祝詞《のりと》を上げる奏上文（神吉詞《かむよごと》）の中に、「国体」という字が出てきます。ただし、これは国体と書いて「くにかた」と読ませています。このように国体という語は、かれこれ二千二～三百年前からある、歴史的に非常に由緒正しい言葉です。

奈良朝時代から固まってきた「国体」という言葉は、どういう意味において使われてきたのでしょうか。

それは、民族の社会結合の原理という意味で使われてきたのです。一つの人間集団である社会が出来上がると、その社会は何によって結合しているのか。その結合の原理は何処にあるのか。ギブ・アンド・テイクのようなお金でもって繋がっている会社もあるでしょう。権利欲だけで繋がっている会社もあるでしょう。あるいは、志をもってお互いはこの会社と共に一つの大きな社会的任務を果たそうという原理原則をもつ会社もあるでしょう。

国体というのは、実は社会学上の用語だったのです。ドイツの法学の中に、シュターツフォルム（Staatsform）という言葉があります。

これは本来、主権が誰にあるのか、つまり「主権在所の観念」という意味のドイツ語です。このシュターツフォルムの訳語として、当時の学者である西周《にしあまね》*が、「国体」という語を使用したのです

＊西周（にしあまね　1829〜1897）
啓蒙思想家。日本近代哲学の祖。徳川慶喜にイギリスの議会制度について進講した。

本来「国体」というのは、日本民族とか社会の出来方、体質、社会結合の原理という社会学上の言葉であったものが、誰に主権があるのかという法律学上の言葉になってしまったのです。

例えば一般の家庭を見てみましょう。家庭は何によって出来上がっているのか。同じ血の流れた者、血縁を同じくする者、家族としての自覚を同じくする者、家族としての目的を同じくする者、家族とはこのような人間関係によって成り立っています。

お父さんに主権があるとか無いとか、それは家庭の原理とは関係ありません。お父さんに主権があろうが無かろうが、家族というものは成り立っているのですから。

このように国体とは、日本民族の社会学的な人間関係上の成り立ちの言葉であったものが、天皇に主権があるとか無いとかという、法律学上の用語に置き換えられてしまったのです。西周は

国体の本来の意味を知らなかったと言わざるを得ません。日本にとってこれは、大変な損失となりました。

国体と政体

人間集団には、こういう国造りをしたい、こういう家庭作りをしたい、こういう会社作りをしたいという共通の目標があります。建国の理想があります。この建国の理想、国体実現の手段、これを「政体」と言います。その政体として、国家目標実現の手段として、各国は民主主義を採用しました。ところが戦後の日本人は、民主主義が日本の国の目的であるように勘違いをしているのです。民主主義は、国家目標実現の手段であって、目標ではないのです。

民主主義は、あくまで政治原理であって、目標・目的は別にあるのです。それを民主主義だからといってお互いが話し合ってものを決めさえしたら良いと勘違いしているのです。それを戦後教育は、民主主義が目的であるかのように教えてきたのです。

社員は食べるために会社に来ているのは事実です。しかし、社員は一つの会社を形成する限りは、どういう会社作りをするかという共通目標、会社の国体がなければならないのです。それがお互いの志をかける、お互いの情熱をかける目標なのです。また、その会社の目標実現の手段として、民主主義を採用するのです。

逆に考えると、民主主義のために会社の目標を見失うのなら、民主主義はやらない方が良いということになります。

経営者は、社員の生活を保障していかなければならない。会社目標を達成していかなければならない絶対の責任があるのです。民主主義を守ることによって会社目標が達成出来るのであれば、民主主義という方法を採るのは当然です。しかし、民主主義という方法を採るがゆえに会社を倒産させ、社員を路頭に迷わせるとしたら、民主主義は止めてもらわなければなりません。民主主義は目標ではなく、手段なのです。

極端に言えば、

「うちの親父は鬼みたいな奴だ、ワンマン独裁で」

などと言われようが、見事、この乱世において会社を守り通してくれる事の方が経営者の責任なのです。皆の言いなりになって会社がやっていけるのなら、こんな楽な経営はありません。毎朝、全社員を会議室に集めて、

「今日はどうしましょう」

と聞いたらどうでしょうか。目標が大事なのか手段が大事なのかということです。目標達成のための手段であることを忘れています。

戦後はこんな「イロハのイ」が難しくなってきました。一流大学を出て来た新入社員に、

「日本国憲法をどう思うか」

と聞くと、

「こんな素晴らしい最高のものはありません」

と言う。

「では外敵が攻めて来た場合、憲法を遵守することによって、憲法第九条によって国が滅んだらどうするのか」

と聞くと、

「それは国が滅んでも仕方がありません」

と言う。

私には、この概念が全く理解出来ません。国のための憲法なのか、憲法のための国なのか。国のための憲法であるのは当然ではないでしょうか。憲法のために国が滅んでもいいのでしょうか。

民主主義という手段は尊いと思います。しかしその手段のために国が、会社が滅んでいいのだろうか。

目標達成こそが、経営者の任務なのです。責任なのです。民主主義が守られて会社が滅ぶのならば、それは経営者として無責任です。社長には、会社を守り通すという重大な責任があるのです。手段の如何にかかわらず。あくまで目標と手段は別であり、国体上の問題と政体上の問題は別なのです。

ですから、フランスの民主主義、アメリカの民主主義、イギリスの民主主義、ドイツの民主主義は違うのです。何故違うのか。民主主義という手段は同じでも目標が違います、国体が違うのです。今日、国体と政体についての認識が曖昧になっているところに、大きな問題があると私は考えます。

アメリカから押し付けられた日本国憲法でも、憲法第一条には、好むと好まざるとにかかわらず、天皇が出て来ます。ですから、天皇問題は我々が避けて通ることの出来ない問題です。

昭和五十一（一九七六）年の夏だったと思いますが、当時の沖縄県知事、平良幸市氏に会う機会がありました。革新政党出身の知事に私は申しました。

「貴方は、日本国憲法を死守するとおっしゃいましたが、その日本国憲法の第一条には天皇が出てくるのですが、その天皇を貴方は支持されますか。それとも第二条以下から守られるのですか。もしそうであればそれも結構でしょう。それなら、共産党から自民党に至るまで、憲法改正論の政党になりますね。それとも、憲法第一条を守られますか？」

と。彼は正直な人だったと見えて、

「日本国憲法を死守すると言った限り、その母法足るべき第一条に天皇があるならば、もちろん私は天皇を守ります」

と言いました。

「よく解った。それなら、貴方は天皇在位五十年式典に欠席するのか――」

そして、沖縄県知事は式典に出席しました。しかしその後、沖縄県議会で与党（革新政党）から、

「何故出席したのか」

と突き上げられ大変だったようです。賛成であろうと反対であろうと、第一条に天皇が出て来る限り、法を守るとはそういうことです。

この天皇問題というのは、真に説きにくいのです。何故説きにくいのか。それは、戦後だからではないのです。

昔、昭和天皇（当時は摂政の宮）を狙撃した難波大助という男がいました。裁判の時に、

「検事さん、貴方はどっちへ転んでも私を死刑にするのだが、貴方は本当に天皇様がありがたいのか。判事さん、貴方はどうせ天皇の名によって私を死刑にするのだが、貴方は本当に天皇がありがたいのか」

と聞きました。検事も判事も黙ってしまった。すると難波大助は、声を大にして、

「我勝てり」

と言ったというのです。

このように、戦前であろうと戦中であろうと、天皇問題は真に難しいのです。

総意と全意

「総意と全意」という言葉はルソー*の言葉です。

＊ルソー（ジャン・ジャック・ルソー　1712～1778）
18世紀フランスの啓蒙思想家。社会契約説に基づき、封建社会・絶対王政を鋭く批判し、フランス革命などの市民活動に大きな影響を与えた。

憲法第一条には、
「主権の存する日本国民の総意に基づく」
とありますから、この総意という言葉を否定出来ません。民主主義は一体、総意に従うのか全意に従うのか。あくまで民主主義は総意を求めているのであり、全意に従うべきものではないのです。

およそ法律というものは、法治国家である以上、お互いは法律に従わねばなりません。自発的に従うものであるという、法の自立性が要求されます。何故従うのか。それは直接であろうと間接であろうと、私が加わって出来た法律だから、私が従うのです。

私が選挙で選んだ人が議会で集まって作った法律ですから、間接的であろうと、そこには私が加わっているのです。法には当然、自立性と自治性があるのです。皆が集まって決めたのですから、皆が従うのです。

では皆によって出来上がりさえしたら良いのでしょうか。そうはいかないのです。法とは正しいものでないと困るのです。法とは従うに値するだけの正しいものでなくては困ります。お互いの意見が食い違えば、裁判所に訴え、法においてどちらが正しいかを裁いてもらうのです。すなわち法は社会正義の基準なのです。

全意とは、間接的であろうと直接的であろうと全員参加の決定が全意です。けれど実際的には、全員参加しても全員が賛成することはありませんから、結果は多数決によって決まります。

多数決というのは、往々にして無責任な決定にならないでしょうか。妥協の産物にならないでしょうか。医師会は医師会で、労働組合は労働組合で、自分たちだけの意見の主張を行い、そのために国全体がどんな影響を受けようと——。他人の事はどうでもよい、自分に都合が良ければ——というのが多数決の実態ではないでしょうか。

もし全社員を集めて明日から給料を倍にしようと社長が言ったら、反対する者はいるでしょうか。心の中で、会社はやっていけるのかな、と思う者があったとしても。

このように、皆で決めるという手続きは尊いとしても、皆で決めさえしたらいいのでしょうか。

「法は皆で決めると共に正しいものでなければ」

と、私が言ったように、社会正義に合致したもののみが法となり得るのと同じように、それが総意であるとルソーは言うのです。

すなわち民主主義は、総意に従うのであり、皆で決めさえすれば良いというものでは無いのです。この総意と全意ということが、明らかに民主主義の前提に使い分けられているのです。こうなると、社会正義というものが明確になっていなければ、総意を求めることが出来なくなります。

社会正義は民族の歴史的経験から

では社会正義とは、何でしょうか。隣の中国のように、ついこの前まで毛沢東の直系であった文革派の頭領たちが、あんな悪い輩《やから》はいないとして、追い払われる。独裁者のサジ加減によってコロコロ変わる。つい昨日まで「スターリン万歳」と言っていたのが、今日は、あんな悪い者はいないというように評価の変わるようなものは、社会正義ではありません。

社会正義とは、時間空間を超えて守られるものです。つまり昨日にも当てはまり、今日にも当てはまり、日本にも当てはまり、他の国にも当てはまるものということです。教育勅語の中に、「古今に通じて謬《あやま》らず之を中外《ちゅうがい》に施《ほどこ》して悖《もと》らず」とありますが、まさにこの言葉どおり、昔にも今にも当てはまり、日本の国内国外どこに当てはめても見劣りせず――こういうものでなければ社会正義とは言えないのです。

ではこういう社会正義はどうして求めればいいのでしょうか。社会正義がない限り総意は出ません。民主主義が成り立たないのです。

　このような社会正義は、民族の長い歴史的経験から導き出す以外に方法がないのです。アメリカのような高々二百年という幼い国は、経験が浅いかも知れませんが、日本のように二千六百年、中国のように五千年という古い国においては、あらゆることをし尽くしてきていますから、その民族の歴史的経験から割り出す以外に道はないのです。

　では、日本に民主主義があったのでしょうか、社会主義があったのでしょうか。

　実はあったのです。民主主義が人格の尊重であり、人権の平等を説くものであるとするならば、平安時代は明らかに民主主義です。平安時代は人格尊重の立場から死刑はありませんでしたし、男女はまさに同権です。大体、平安時代は男が女を食べさせてはいませんでした。一夫一婦制度もありませんでした。甲斐性のある女性の下に男性が通うのは、源氏物語を読んでもおわかりでしょう。

　推古《すいこ》天皇の時代に上宮太子《じょうぐうたいし》（聖徳太子）の出された「十七条憲法」があります。一般的に知られているのは通蒙《つうもう》憲法ですが、他に政治家に対する政家《せいか》憲法、坊さんに対する釈氏《しゃくし》憲法、神主に対する神職《しんしょく》憲法。計五憲法あるのです。（編者注：表記憲法のほかに「儒士憲法」がある）

　この憲法は実に民主的で人権を尊重しています。例えば、通蒙憲法第十六条にこう書かれています。

「第十六に曰く、大事をば独り断ずべからず。必ず衆とともに論ずべし。小事はこれ軽し。衆とともに論ずるに足らず。唯、大事を論ずるに及んでは、あるいは失あらん事を疑う。ゆえに衆と共に相弁辞せば、すなわち理を得るなり」

このように、日本においては民主主義という考え方は幾多もあったのです。では、日本には社会主義はあったのか――。

もちろんありました。終戦の時、満州にある歴史家がいました。多くの兵隊はシベリアに連れて行かれましたが、この人はモスクワへ連れて行かれました。大して悪いことをしていないのに何故モスクワへ連れて行かれるのかと思った。すると当時中央委員のキーロフ*が丁重に彼を出迎えた。そして、あなたがた日本人から見たらスターリン閣下のやっていることはお笑い草でしょう」

と言う。どういうことかというと、スターリンは、この社会主義的平等実現のために、あらゆる地位を剥奪し、恐怖政治、弾圧政治をもってやっと社会主義的平等の実現をしている。平等実現のために人間性や自由が完全に抹殺されている。これがいいとは思っていないがこの方法しかない。

しかし、世界のどこかに、人格を尊重し自由を与えながら平等の実現がなされている教訓がなかろうかと探した。ただ一例、日本において天皇と国民の間にそれがなされていた――とキーロフは話したのです。

が、歴史家はまだ解らない。一人の王子様が一人の大臣を斬って、それから三百年の間、すばらしい理想の社会主義が行われていると、キーロフはまた言った。

＊キーロフ（セルゲイ・ミローノヴィッチ・キーロフ　１８８６〜１９３４）
ソビエト連邦の革命家・政治家。レニングラード・ソビエト議長を務めた。

　これは、中大兄皇子《なかのおおえのおうじ》が蘇我入鹿《そがのいるか》を斬って行った大化改新のことです。これは見事な社会主義憲法です。このとき「班田収授」を行ったのです。この跡は仙台に少し残っていますが。土地を国有化し、年齢別に平等に分けた。土地を九区画に分け、好きなものを作らせる。残りの一区画だけは、共有のものとして全員が耕し、そこで出来たものは、税金として納めさせる。これが班田収授です。歴史家は、

「それは天皇陛下がお優しかったから出来たのでしょう」

　と答えた。するとキーロフは、

「そういえば三年間税金を取らなかった天皇がいましたね」

　と言った。仁徳天皇のことです。ソ連のキーロフが知っている日本の歴史を、今の日本人が知らないとは嘆かわしいことです。

この難波国に都を開いた仁徳天皇は、御飯時に高所から眺められると炊煙が上がっていない。国民は貧しく苦しんでいるのであろうと、三年間税金を免ぜられた。そのために、仁徳天皇の住まいは荒れたが、三年後に高所から臨まれると、炊煙が上がっていた。

「民の竈《かまど》は賑わいにけり。我満てり」

とおっしゃった。

天皇様ご自身は税金を取らないのだから貧乏であったが、国民の豊かになった事を喜び、「我満てり」と言われたこの徳を慕い、ピラミッドより大きい御陵を今の堺市に造ったのです。

この話をキーロフはしたそうです。

「スターリンがもし仁徳天皇のような免税を五年から十年も行えば、恐怖政治に訴えずとも、理想的な平等の社会主義世界が実現するでしょう。けれど、恐らく三日で覆《くつがえ》るでしょう」

と言ったという。

このようにソ連すらが認める班田収授のような理想の社会主義が、この日本にあったのです。大事な事は、社会正義こそ建国の理想だということです。これを会社に置き換えるとよくわかります。昨日、今日入った新入社員であろうと、本当に会社のためを思う意見を言った場合、社長以下幹部諸公が、

「君、いいことを言ってくれた。ありがとう」

と言ってくれる会社なら、提案制度を始め、皆がまともに会社に尽くします。

それをどうでしょうか、

「馬鹿野郎、昨日今日入った者が、ちと身分を弁《わきま》えろ」

という態度をとられたら、誰がまともに会社に尽くしますか！　社会正義が上から下まで貫かれている会社なら、人はまともに会社に尽くします。それが身分や地位で押さえつけるような会社だったら、誰が勤められますか。

金力、権力、暴力の支配する世の中は、人間が住めるものではないのです。人の道が支配する世の中だけが、人間が住めるのです。

問題はここです。この社会正義が会社の理想像であり、目的であり、国の理想像であるかどうか。そういう会社であり国でなければ、人間は住めません。またそれなくしては、民主主義の総意を求めることは出来ないということです。

生活体系と生命体系

私達は確かに生活のために会社に勤めているのは事実です。でも食べるために生きているのでしょうか。もしそうであれば、犬や猫と変わらなくなります。生きるための生活でなければ、人間と他の動物との区別がつかなくなってしまいます。一体私達の生き甲斐とは何処《どこ》にあるのでしょうか。

　私はかつて女子大生に言いました。

「人間の幸福とは、無駄が出来て、楽が出来て、物が豊かであることが幸福であれば、みな頭の禿げたヒヒ爺のところへ妾《めかけ》奉公へ行ったらどうか」

　と。半数以上がその方が良いと言ったのには驚きました。もしお金になりさえすれば良いのなら、三食昼寝付きで動物園の檻の中に裸で入って、人から笑われても良いのでしょうか。

　囚人にすることがないと、砂浜で砂運びをさせる。そして、出来上がった砂山を今度は、海に捨てさせる。すると仕事の能率が半分に落ちてしまうと言う。

　おかしいではないですか、決められた期間を囚人として過ごすのなら、砂運びをしようがしまいが、同じではないでしょうか。

　が、午前中運んだ砂が、何かの役に立つものだと思って運んだ。しかし、それが全く無意味な動きであったと知ると、午後から能率が落ちてしまう。

　人間にとって確かに生活は大事です。しかし生活のためだけに働くことに生き甲斐があるのでしょうか。

　生き甲斐とは、何らかの形における社会的価値を生む行為にあるのです。もちろん、全くお金にならないのも困りますが、金になりさえすれば自分のメンツも人格もすべて捨てても良いと割り切れるのでしょうか。

我々の生き甲斐とは、社業を通して社会的任務を果たす、何らかの社会的価値を生む行為、これが生き甲斐の根拠ではないでしょうか。同時に、人間の幸せは自分の一生をかけても惜しくない仕事をもつところにあると私は思うのです。

それは食うや食わずの人間がそんな余裕のあることなど言っていられるかと言うかも知れません。それも一理あります。

夫婦のための生活なのか、生活のための夫婦なのか——。もし、生活が目的で夫婦が手段なら簡単な事です。男は女を一生給料の要らない女中として雇ったのでしょうし、女は一生の完全就職をしたことになるでしょう。

しかし、夫婦が目的であって生活が手段なら、なぜ夫婦になったのでしょうか。その夫婦となるべき意義は何処にあるのでしょうか。まともな人間なら、そこまで考えるべきだと思います。

よりよく生きたい

このように生き甲斐という社会的価値が生活を超えた、次元が高いと言うか、そういう本質的な繋がり、これを生命体系と言います。権利だとか義務、食える、食えないという繋がり、これを生活体系と、私は分類しています。

では、生命とは一体何でしょうか。これは宗教論になります。己は何処より来たりて何をしに来て何処へ去り行くか――。

生命とは科学や医学の対象と考える方もいると思います。

しかし、生命とは科学や医学の対象では無く、哲学と宗教の範疇のものです。今回はそこまで説きませんが、ただ、生きとし生けるものの生命現象としての欲求は何か、これだけははっきりしています。時間的空間的無限を求めているということです。

時間的無限というのは、死にたくないということです。死ぬと決まっているにもかかわらず、永遠不滅を求めるのです。空間的無限というのは、ただ長生き出来るだけではなく、より良く長生きしたいのです。少なくとも、これ以上悪くなりたくないのです。寝たきりの長生きは嫌ですね。病気の長生きは嫌ですね。貧乏も嫌ですね。

つまり、社会的拡大を求めているのです。財産欲であろうと名誉欲であろうと、知識欲であろうと。社会的地位、これは何らかの己の空間的拡大です。

わかりやすく言えば、人間はより良く長生きしたいのです。それを時間的空間的無限というのです。より悪く長生きはしたくないでしょう。

「よし、お前に贅沢をさせてやる。その代わりお前の命は明日限りだ――」

これも余計に困るでしょう。人は常に生命欲求の基に立っているのです。

そして、お互いは死ぬに決まっていますが、女は子供を産む。つまり己の延長を産んでくれるということです。男は女を通じて時間的無限を満たし、女は男を通じて空間的無限を満たすのです。生命欲求としての男と女の欲求を、夫婦になることによって満たしていこうとする。これが哲学的に言う夫婦となるべき意義です。

いずれにしても、命あるものは、生きとし生けるものは全てより良く長生きしたいのです。物質界は変化の法則で動いています。例えばH_2Oが水である。水素原子二個と酸素原子一個が化合して水になった。別に発展した訳ではないのです。水が水素と酸素に分解しても、これは退歩したのではありません。変化しただけです。

ところが、生命界のみは、変化ではなく、発展衰滅があるのです。やがてお互いの身体も否応なしに衰滅します。若い間は発展するでしょうが。もちろん、肉体だけではなく、家庭にも会社にも発展衰滅があります。

もう一つ大事なことは、生命体だけは合目的的活動をします。他の物質界は、化合とか分解とか変化はします。ところが生命体だけは先程言ったように必ず欲求をもっています。

つまり、こうありたいという願望を、目的をもつということです。そのもっている願望、目的に少しでも合致する方向へ歩もうとします。だから、向日葵《ひまわり》は太陽の方へ向きます。生命欲求を満たそうとする、目的に少しでも合致するよう活動します。

そうすると、物質界の法則と生命界の法則は違ってきます。我々はお互い発展を求める生命体です。会社でも良く在りたいです、懐具合も良く在りたいでしょう。

お互いの身体も、お互いの家庭も会社も国家も、命あるものの結合においては、皆、発展の法則を求めています。これに逆らう行為は衰滅するからです。会社も倒産するからです。こうなってきますと、この生命体の発展の法則如何となります。

そこでいま仮に、生命体AとBが矛盾対立の関係に置かれたとしましょう。どういう解決の道を選ぶでしょうか。（かつて自民党総裁選をめぐり対立した）福田（赳夫）と三木（武夫）に置き換えて見てもいいでしょう。

福田Aが三木Bを支配する。その逆もあります。三木Bが福田Aを支配する。これも一つの解決でしょう。

あるいは福田Aと三木Bが血で血を洗う戦いをする。そしてくたくたになって共に死ぬか。これも解決の一つでしょう。両方が喧嘩をやめて、福田Aを信ずる者と三木Bを信ずる者に別れて新党を作り、お互いの関係を無くす。

待てよ、今、新党を作って別れたら喜ぶのは野党だけじゃないか。いま別れる訳にはいかない――となればどうすればいいのか。それにはAとBが体系化する以外に方法はありません。

体系化とは

体系化するとはどういうことか。
それは、異なりを認めながら一つを自覚することです。これを哲学的に、体系化と言います。一般にわかりやすい言葉としては「和」と言います。手はあくまで手であって足ではない。足はあくまで足であって手ではない。けれど、手も足も共に一つの命から生じているという自覚をもつかどうか。根底に一つであるという自覚をもつかどうか。足と手は全く異なっている。だから相対の関係です。

でも、一つの命から出来ているお互いの身体は、足の助けを借りなければ手は動きません。手の助けを借りなければ足は動きません。手を後ろに縛られて走れるでしょうか。すると手は手であって足ではなく、足は足であって手ではないが、手が手として万全に動くためには、足の助けがいるのです。

同様に足は手の助けを借りなければ、足として万全に動くことは出来ないのです。相対即相待なのです。共に手と足とは相待つ関係にあるのです。相手なしには生きていけないのです。

少なくとも、我々生命体はこういう関係に生きています。これを生命結合と言います。

お互いの身体はこういう関係で出来ているのです。するとお互いは異なっているが、手は足の助けを借り、足は手の助けを借り、つまり、相手の支えなしには、成り立たないのです。命あるものはこういう繋がりをもっているのです。

生命体は家庭、会社、国家すべての場所で、体系化する者は強く発展します。夫婦でもそうです。夫婦が一つを自覚しながら、夫は夫、妻は妻として共に相助け合って相手なしには己の存在が成り立ち得ないとして体系化する夫婦。これは「私」が相手を支えている根拠となるのですから、「私」には非常な責任があります。

会社も同じです。各自の部署部署のどこかに穴が空いたら、全体が狂いを生じます。自分の部署が全体を支えているのですから、自分の部署に対する責任があります。

体系化出来ないものは、衰滅するのです。生命体は体系化するか否か、それぞれの身体も、家庭も会社も国家も、同じことです。

体系化の条件

では、どういう条件の下にあれば体系化出来るのでしょうか。

第一は、「一つ」の自覚です。

例えば、家族というものは、社会という中での最小単位のグループですから、間違いなく基本社会、基礎社会と言えます。男女があって、そこに子供がいて――。家族が成り立つためには、当然そこに同じ血が流れているという血縁結合があります。つまり「一つ」があります。それ以上に大事なのは共通目標です。

会社でも、こういう会社を作ろうという社是、お互いの共通目標です。ということは、うちの家庭はどういう家庭かという共通目標が要るのです。

同じ家族でも、息子の嫁は他人です。舅姑《きゅうこ》との間において、親子の自覚がなければ、その家族の一員としての共通目標の中に加わっている自覚がなければ、嫁は務まりません。

その共通目標が家風です。やはり二百年以上も続いたという古い家、例えば鴻池《＊こうのいけ》とか住友を調べると、厳として冒すべからざる家憲があります。そして、当主がこれを確実に守っています。

＊鴻池と住友
明治期に勃興した財閥。江戸時代の富商が財閥になったケース。ほかに明治に入り一代で財をなした三菱・大蔵・安田等の財閥がある。

次に大事なことは、この生命体にはどうしても中心が要るのです。有中心の原理とも言われます。市には市長がおりますし、高崎山（大分県）の猿の世界にもリーダーがいます。蟻の世界にも、生きとし生けるものの中にリーダーがいます。お互いがバラバラでは生きていけません。

家庭には父がいます。では、父がいればそれでいいのでしょうか。そうはいきません。そこに道統《どうとう》の原理があります。

道統とは、上下本末の自覚です。誰が上で誰が下で、誰が本《もと》で誰が末か。これが秩序です。ただこの場合、誤解のないように申し上げますが、私は、目下の者が目上の者に仕える行為ばかりを強調している訳ではありません。

「親孝行せよ」という「孝」は、老と子の合作です。子供が親に仕えることも孝なれば、親が子供に仕えることも孝なのです。孝という字は、決して一方通行の字ではありません。だから、上の者が下の者に仕える行為こそ、上下本末の自覚の上において、非常に大切な行為なのです。すなわち、親らしい親、子らしい子が生まれて来ない限り、その親らしい、子らしいという人の道が一貫している家庭でない限り、体系化は出来ないのです。

だから家族という基礎社会には、同じ血縁社会があり共通目標があると共に、父という中心があるのです。もちろん、父らしい父でなければなりません。

父の父たる所以《ゆえん》は、「主」でなければなりません。それは政治経済の中心です。父というものは家族を食べさせることだけで済むものではありません。教養と判断の中心でなければならないのです。

子供が大学へ進学する時、何人の父親が子供のしっかりした相談相手になってやれるでしょうか。この教養と判断の中心になることはなかなか難しいものです。大きくなったら、お父さんのような人になりなさいという道義の指標が無い限り。

「間違ってもお父さんのような人にならないように……。お母さんは、何度この頑固なお父さんと別れようと思ったかしれない。でもお前がいるから辛抱して来た――」

などということでは駄目ですね。

でも、道義の指標であるには、赤い顔をしてグデングデンに酔っ払って帰るのでは失格です。やはり、父は親でないと務まりません。隣のおじさんでは務まらないのです。他人では代わりようがないのです。血統の本流でなければなりません。他人の子を叩いたのでは、憎しみのみしか残りません。

そして母というのは、父の志を子に伝える役割を持つのです。母の胸についているのは、乳《ちち》であって母《はは》ではありません。乳を飲ますのであって、母を飲ませてはならないのです。産みさえすれば親が務まるものではないのです。親らしい親でなければなりません。それは親に責任があります。父親に配するに母親、そこで初めて家族というものが体系化出来るのです。

生命体というものは、体系化の条件がこのように全て繋がっているのです。本当にこういう家庭を作って欲しいと思います。会社の問題でもありますが、個人の問題でもあるということです。

天皇について

さて、今日の本論である天皇の話に入りましょう。

まず、総意を求めるためには社会正義がなければならない。しかも民族の永い歴史的経験から割り出した社会正義、人間集団である限りはその目標がなければならない。建国の理想がなければならない。会社にも会社の一貫した目標がなければならない。同時にその建国の理想は、社会正義の基準でなければならない。

『日本書紀』という今から千三百年ばかり前の歴史の本に、こういう国造りをしたいという、神武《じんむ》天皇の建国の宣言が書かれています。

私は上代史を専攻しました。神武天皇実在を確信しています。けれど今、ここで実在を長々と証明しようとは思っていません。ただ『日本書紀』はどうして出来上がっているのかをお話ししておきましょう。

この本は、当時のインテリ階級だとか為政者だとか、当時の各家に伝わっている言い伝えなどを収集して、二十七年かかって論議しました。

最高裁の判決は、主文があって必ず、少数意見が羅列してあります。こういう意見もあった。こういう意見もあったというように。これと同じように、『日本書紀』も羅列主義を取っています。

「ある書に曰く——。ある書《ふみ》に曰く——」

というように。こういうところが十一個所もあります。またある人は言います。

「そんなものは天皇家を煌びやかに見せるための作文である」

と。それなら、

「中を一度読んでからにしろ」

と言いたい。というのは、日本書紀の中には、随分と恥になる親子喧嘩から兄弟喧嘩まで出てくるのです。作文するのなら、もっと上手に書いたらどうでしょうか。また、羅列主義を取っていますから、矛盾点も出てきます。

私が言いたいのは、神武天皇がいたかいなかったかよりも、千三百年前に、既に、当時のインテリ階級の間に、こういう国造りがしたいという社会通念がまとまっていたということでしょう。だから書いてあるのでしょう。衆知を集めて書くのに、ないものを書くはずがありません。

では、どういう国造りなのか。


それ大人《ひじり》の制《のり》を立つる、義《ことわりかならず》必ず時《とき》に随《したが》う。苟《いやしく》も民《たみ》に利《さち》あらば、何《いか》にぞ聖造《ひじりのわざ》に妨《たが》はむ

ものの解釈は、時代とともに変わる。国民が幸せになるのであれば過去のしきたりに囚われず、改革してゆけばよい。という意です。そして、
慶《よろこ》びを積み、暉《ひかり》を重ね、正しき道を養わんが為に　積慶《せきけい》・重暉《ちょうき》・養正《ようせい》

これが国造りの柱です。

「積慶」とは、今の言葉で言う生活保障です。

「重暉」とは、ただ単なる生活保障ではなく、人間として生きる意義目的を明確にした生活保障です。即《すなわ》ち、精神文化の豊かさのある生活保障です。現在のような、怠け者の根性を増長させるような福祉国家を言っているのではありません。

「養正」とは、道義の一貫です。先程も言いました。金力、権力、暴力の支配する世の中は、野獣は住めても人間は住めない。

会社でもそうだと言いました。正しいことであるならば、身分、年功の如何にかかわらず、人の道の一貫せる世の中しか人は住めないのです。これを人の上に立つ幹部の立場として表わします。

積慶とは、一視同仁。我が部下をみること、我が子を見るがごとく公平に見られるか。

重暉とは、自覚、自己反省。

世の中には、親孝行しろという前に、親孝行し難い親も居ます。自分が上に立つ者として、部下から仕えられるに相応しい人格を自分が保持しているかどうかという、上に立つべき者がまずすべきは、自己反省です。恐れおののき、人の上に立っているかどうか。すなわち自覚です。

養正とは、破邪顕正、秩序。仮初めにも、邪《よこしま》が働いたのでは困ります。邪を破り、正しさを顕すという秩序です。

「一悪を賞すれば百悪集う」

と、『六韜《りくとう》』の中にもあります。間違って一つの悪いことを認めたら、百の悪いことが集まってくるという事です。

精神文化の豊かさのある生活保障で、人の道の一貫した社会を作る。上に立つべき者としては、公平と各々の任務を自覚し得る、上下本末を自覚し得る社会を作る。秩序の一貫性を持った社会を作る。

二十一世紀においても何ら遜色無き国体が、千三百年前の通念としてこういう国を造りたいということが、日本書紀に載っているのです。

国の目標であるとともに、これをこのまま会社の目標にして、何の遜色もありません。こういう会社であれば、社員に文句はないでしょう。同様に、こういう家庭であったら、いや、こういう人格であったらどうでしょう。

我々の先祖はさらに賢かった。言葉というものは時代とともに解釈が変わりますから、これをものに置き換えたのです。すなわち、
積慶は「玉」と、つまり、玉の如くまどかに、豊かに公平に、
重暉は「鏡」と、つまり、鏡の如く精神文化光り輝き、自己反省し自覚ある行為を、

養正は「剣」と、つまり、剣の如く道義と破邪顕正の秩序を貫いたもの、としたのです。

天皇とは道義の指標

天皇の位、つまり皇位とは、何らの権力ある座ではなく、人はかくあるべしという道の位でした。社会正義の基準でした。そして皇位継承とは、統治理念の継承でした。

会社で言うなれば、社是の継承でした。例え何代社長が代わっても、統治理念の継承に変わりはありません。

その皇位継承の御璽《ぎょじ》として三種の神器が伝わりました。すなわち、「八坂瓊勾玉《やさかにのまがたま》」「八咫鏡《やたのかがみ》」「草薙剣《くさなぎのつるぎ》」です。しかもこれは、我々日本人が最も尊ぶべきもの、尊重すべきものとするために、これらを全て御神体《ごしんたい》としました。

鏡は伊勢の皇大神宮《こうたいじんぐう》の御神体に、剣は名古屋の熱田神宮《あつたじんぐう》の御神体に、玉は宮中賢所《きゅうちゅうかしこどころ》の御神体に。この尊ぶべきもの、崇める対象として御神体にしたのです。

この三種の神器とは日本民族の統治理念、日本民族の社会正義の具体的内容でした。三種の神器を伝えたというのは、統治理念の内容でした。

天皇とは、道義の指標でした。日本人の道の指標でした。

「大きくなったらお父さんのようになりなさい」

という、家庭において父親が指標であらねばならないように。同時に、隣のおじさんではやっぱり駄目だといったように、天皇は日本民族の血統の本流、血の繋がりの中心でした。日本民族の本家でした。

そして、国民がこの道を生きる天皇を仰ぎ慕うたのでした。国民が天皇を仰ぎみることによって、金力でもなく、権力でもなく、暴力でもない、人格的民心統一、国民が心を一つにしたのです。そして、国民がともに共存共栄を、苦楽共有をそこに行ったのでした。

天皇の禄高は、六万石、十二万石とか、後の時代には浅野内匠頭《たくみのかみ》よりも少ない三万石しかありません。一方の将軍は八百万石という、日本の全財産の三分の一を私有財産にし、立法権、司法権、行政権から兵馬の大権つまり軍事力をもち、旗本なる自衛隊までもっていた。そして江戸城という濠を巡らし、外敵の侵入に備え、足軽が二十四時間態勢で勤務している所に住んでいた。最高の権力者でした。

ある将軍は、力をもちながら力に脅《おび》え力に頼っていた。三万石の財産しかもたず、立法権、司法権、行政権なく、兵馬の大権なく、自衛隊をもたないにもかかわらず、天皇の住まわれた京都の御所には濠がありません。それでも、京都千年の都は保たれてきました。もちろん、兵火を浴びたことは多々ありましたが、国民は天皇をお慕《した》いしてきたのです。

悪い代官に百姓一揆を起こした者たちは、天皇様だけは自分たちの気持ちを解って戴けるであろうと、天皇に擁護を求めている記録が数百回あります。力がないから、求めても仕方が無いのですが。

天皇が二千六百年という永い歴史の中で、何らかの形で政治に関与し得た年限はわずかです。しかも明治憲法下が一番永いのです。その明治憲法下においてすら、直接命令されたことはほとんどありません。あの豪傑そのものの明治天皇は一度もありません。「こうせよ」とは言えないのです。御製《ぎょせい》とか、勅語《ちょくご》とかは皆、精神訓話です。具体的内容について「こうせよ」という権限は天皇にないのです。

昭和天皇の決断

大東亜戦争勃発の時、昭和天皇はとにかく戦争に反対でした。それで天皇陛下のご裁可を受けず、真珠湾攻撃を行った後で陛下にご報告したのです。

「朕が不徳なり」

として、御璽《ぎょじ》を押されたことは有名です。とにかく天皇は戦争に徹頭徹尾反対されたのでした。その際に天皇は、明治天皇の次の御製をお示しになられたのでした。

四方の海みな同胞《はらから》とおもふ世に
など波風の立ち騒ぐらむ

終戦のとき、阿南惟幾《あなみこれちか》陸軍大臣始め軍人たちは一億玉砕を叫んだ。文官たち三人は無条件降伏を支持した。総理大臣がどちらを支持するかによって日本の道が決まる。総理大臣はついに決定しかねて天皇陛下のご聖断を仰いだ。

この時初めて、明治憲法下で天皇の発言があった。国民が決めかねて、天皇に発言を求めたから天皇は発言されたのです。

「国民たちの苦しんでいる姿はこれ以上忍びみるに堪えない。例え自分の身体がどうなろうとも」
「阿南泣くな」

というお言葉から始まって一億総玉砕を叫ぶ軍人を避けられたのでした。しかし、誤解の無いように申し上げますと、決定は臣下である大臣によるものです。あくまで決定権は天皇には無いのですから。

もう一例は、今の日本国憲法が出来るとき、幣原喜重郎《しではらきじゅうろう》内閣はこんな憲法改正は受けられないとして頑張った。そして、総辞職解散をしようとした。いま解散をされると困ると考えたマッカー

サーは、当時副総理にあたる内閣書記官長の楢橋渡《ならはしわたる》を呼びつけて、

「総辞職解散という逃げの手を打つのならば、今後一切内閣の関与を許さず、連合軍の権力によって憲法改革を断行する。そして、国民に直接訴える」

と圧力をかけてきた。そんなことをされれば、共産党がどれだけ暴れるかわからない。そこで楢橋は天皇にお願いし、幣原を説いて戴いた。幣原をお呼びになった陛下は、懇々とお説きになった。

幣原は泣いて、

「陛下、この日本国憲法は、あらゆる公的な地位から陛下を元首の座から追放する憲法です。臣としてこれは受けられません」

と言いましたが、陛下は、

「たとえ自分の身体がどうなっても、これを容認しなければ、マッカーサーの命によって行われた場合、日本にはどれだけの混乱が生ずるであろう」

とおっしゃったのです。

この一言で幣原はこれを認めた上で、総辞職したのです。そして、吉田内閣の手によって大日本帝国憲法を改正するのです。

それでもなお天皇の治世は二千六百年続いたのです。権力の座にあらず金力の座にあらず、暴

力の座にあらず。

それは、道義の指標であり、天皇おわします事によって、国民が一つの姿の、生命の体系化を成し得るのです。人格的中心なのです。

「体系化する者は強く、栄え、体系化せざる者は弱く、衰える」

と私は言いました。

日本民族が二千六百有余年の間、外敵の侵入を受けることなく、常に一つの姿を保ち得て来た。金力によらず、権力によらず、こういう立場の中に天皇というものはおわしました。日本の歴史の現実はこういうものでした。

この乱世に、何を悠長なことをと思われるかも知れません。が、この国をいかに生命体系化するか。各々の生活を超えたところでどうしてつながるか。各々の立場の任務を自覚し、異なりを認めながら、いかに

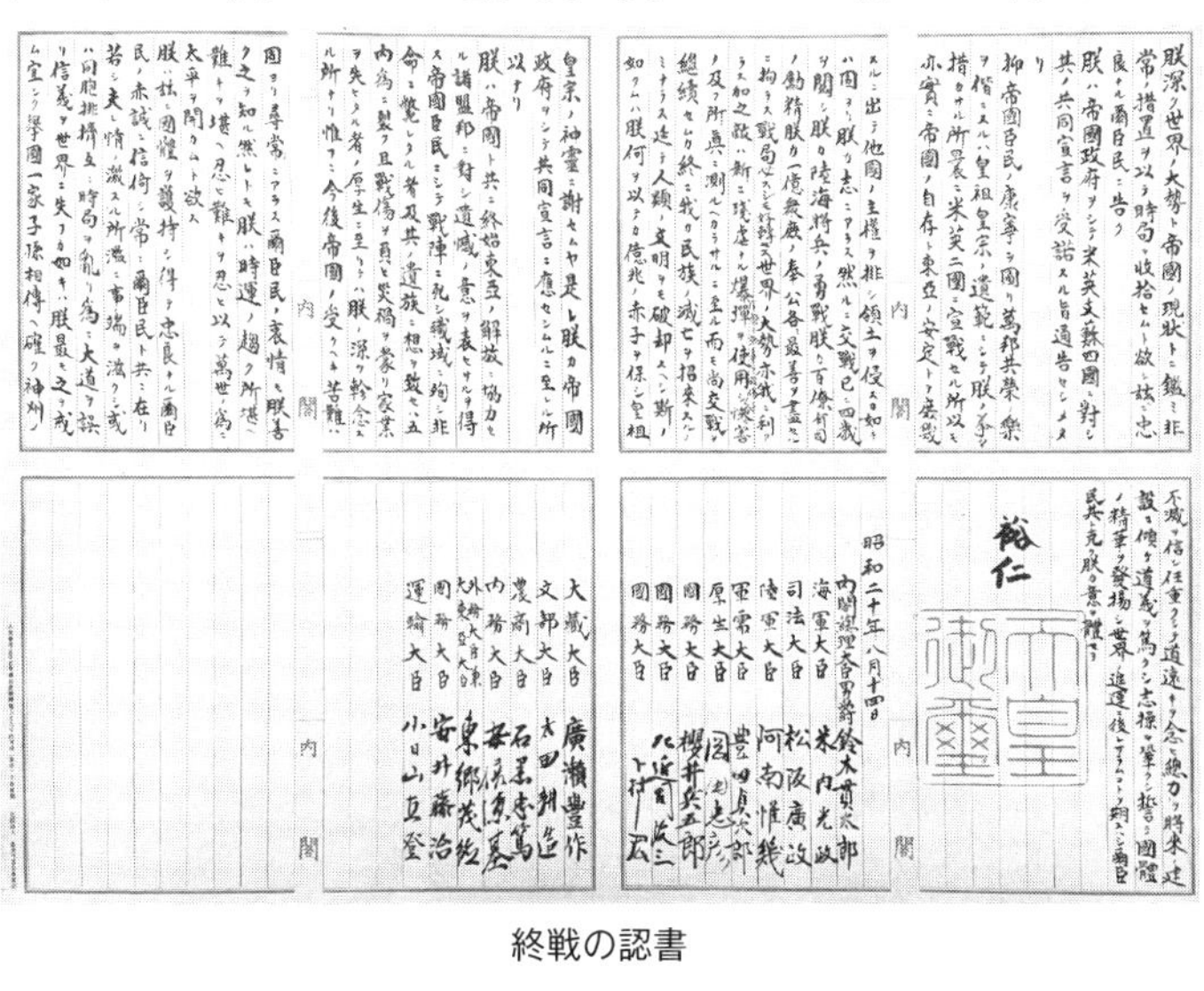
朕深ク世界ノ大勢ト帝國ノ現狀トニ鑑ミ非常ノ措置ヲ以テ時局ヲ收拾セムト欲シ茲ニ忠良ナル爾臣民ニ告ク
朕ハ帝國政府ヲシテ米英支蘇四國ニ對シ其ノ共同宣言ヲ受諾スル旨通告セシメタリ
抑々帝國臣民ノ康寧ヲ圖リ萬邦共榮ノ樂ヲ偕ニスルハ皇祖皇宗ノ遺範ニシテ朕ノ拳々措カサル所曩ニ米英二國ニ宣戰セル所以モ亦實ニ帝國ノ自存ト東亞ノ安定トヲ庶幾スルニ出テ他國ノ主權ヲ排シ領土ヲ侵スカ如キハ固ヨリ朕カ志ニアラス然ルニ交戰已ニ四歳ヲ閲シ朕カ陸海將兵ノ勇戰朕カ百僚有司ノ勵精朕カ一億衆庶ノ奉公各々最善ヲ盡セルニ拘ラス戰局必スシモ好轉セス世界ノ大勢亦我ニ利アラス加之敵ハ新ニ殘虐ナル爆彈ヲ使用シテ頻ニ無辜ヲ殺傷シ慘害ノ及フ所眞ニ測ルヘカラサルニ至ル而モ尚交戰ヲ繼續セムカ終ニ我カ民族ノ滅亡ヲ招來スルノミナラス延テ人類ノ文明ヲモ破却スヘシ斯ノ如クムハ朕何ヲ以テカ億兆ノ赤子ヲ保シ皇祖皇宗ノ神靈ニ謝セムヤ是レ朕カ帝國政府ヲシテ共同宣言ニ應セシムルニ至レル所以ナリ
朕ハ帝國ト共ニ終始東亞ノ解放ニ協力セル諸盟邦ニ對シ遺憾ノ意ヲ表セサルヲ得ス帝國臣民ニシテ戰陣ニ死シ職域ニ殉シ非命ニ斃レタル者及其ノ遺族ニ想ヲ致セハ五内爲ニ裂ク且戰傷ヲ負ヒ災禍ヲ蒙リ家業ヲ失ヒタル者ノ厚生ニ至リテハ朕ノ深ク軫念スル所ナリ惟フニ今後帝國ノ受クヘキ苦難ハ固ヨリ尋常ニアラス爾臣民ノ衷情モ朕善ク之ヲ知ル然レトモ朕ハ時運ノ趨ク所堪ヘ難キヲ堪ヘ忍ヒ難キヲ忍ヒ以テ萬世ノ爲ニ太平ヲ開カムト欲ス
朕ハ茲ニ國體ヲ護持シ得テ忠良ナル爾臣民ノ赤誠ニ信倚シ常ニ爾臣民ト共ニ在リ若シ夫レ情ノ激スル所濫ニ事端ヲ滋クシ或ハ同胞排擠互ニ時局ヲ亂リ爲ニ大道ヲ誤リ信義ヲ世界ニ失フカ如キハ朕最モ之ヲ戒ム宜シク擧國一家子孫相傳ヘ確ク神州ノ不滅ヲ信シ任重クシテ道遠キヲ念ヒ總力ヲ將來ノ建設ニ傾ケ道義ヲ篤クシ志操ヲ鞏クシ誓テ國體ノ精華ヲ發揚シ世界ノ進運ニ後レサラムコトヲ期スヘシ爾臣民其レ克ク朕カ意ヲ體セヨ

裕仁

天皇御璽

昭和二十年八月十四日

内閣總理大臣男爵 鈴木貫太郎
海軍大臣 米内光政
司法大臣 松阪廣政
陸軍大臣 阿南惟幾
軍需大臣 豊田貞次郎
厚生大臣 岡田忠彦
國務大臣 櫻井兵五郎
國務大臣 左近司政三
國務大臣 下村宏
大藏大臣 廣瀬豊作
文部大臣 太田耕造
農商大臣 石黒忠篤
内務大臣 安倍源基
外務大臣兼大東亞大臣 東郷茂徳
國務大臣 安井藤治
運輸大臣 小日山直登

終戦の認書

して一つを生きるか。

それが、唯一残された日本再生の道と考えます。

第三章

民主主義と天皇

昭和五十三（一九七八）年の講演録より（警察幹部向け）

一九七〇年代後半は、戦後の高度成長がピークを迎え、環境問題等も浮上し、次のステージへ行こうする過渡期の時代。この年、日中平和友好条約調印のほか、超高層ビル「サンシャイン60」が完成。新東京国際空港（現成田国際空港）も開港した。

世界史は第三文化へ

今日は「民主主義と天皇」という題でお話をいたします。今まで連続講義としてやって参りましたが、まずその序説の立場で、世界史は「自由と平等の一致」、言葉を換えますと「人格の尊重（自由）と社会正義の実現（平等）の一致」へ動こうとしていると申しました。

一番ここで問題になりますのは、例えば、いま社会党*内において、社会主義協会と反社会主義協会とが真っ二つに割れて論争しております。一言これを述べておきます。

＊社会党
日本社会党の略称。かつて存在した社会主義を掲げる「革新」政党。第二次世界大戦からの非共産党系社会主義勢力が大同団結して昭和20（1945）年に結党。昭和50年代から60年代にかけては、自治労、日教組、総評など労働組合を基盤に広く支持を集めた。平成8（1996）年より「社会民主党」（略称社民党）に改称。現在に至る。

反社会主義協会の方が圧倒的に代議士の数は多く、社会主義協会は十人もいないのですが、その下部組織の反社会主義協会が、現在の社会党の半分以上を握っているわけです。三月会なんて言っていますが、実際そのメンバーは四人しかいないのです。名簿は出さない。規約は出さない。一種の秘密結社です。一体誰と誰が、反社会主義協会の中のメンバーにおりながら、社会主義協会の回し者であるかというのは、共産党に秘密党員があるのと一緒で、共にわからんのです。そこで「資料を出せ」とか、「名簿を出せ」ともめているわけです。

私が一番言いたいのは、社会党内部において社会主義協会と反社会主義協会との分裂の原因も、

「一体何が社会主義なのか」

ということになるのです。その社会主義の定義をめぐって、社会主義協会の人達は*マルクス・レーニン主義という、あの全体主義の上に立った*集産主義が、独裁権力支配下における集産主義が、社会主義であると言うのです。

＊マルクス・レーニン主義
資本主義社会から社会主義社会に移行するための理論や方法論、戦術のこと。マルクスが提唱した理論が中心の科学的社会主義（マルクス主義）を基にレーニンが革命活動を行い、マルクス主義理念に基づく国家＝ソビエト連邦が誕生した。

＊集産主義
国家が生産手段などの集約化・計画化・統制化を行う経済思想又は経済体制のこと。

そういたしますと、反社会主義協会の人達は、社会主義協会が間違っているというのなら、反社会主義協会派の言う社会主義の定義は何かとなります。

社会主義という言葉の定義をめぐっては二百六十からあるのだと……社会主義くらい難しいも

のはないのだと、あえて申し上げたのはこの辺です。

そのようにして、社会主義とは何か、を問い詰めてみると、結論的に、社会正義の実現ということ以外に、定義のしようがないのです。

そういたしますと、世界は、自由主義の上に立つ、すなわち人格尊重と、社会主義の上に立つ、すなわち社会正義の実現を、いかにして統一するかということが、世界史の求めている立場であります。すなわち「第三の文化」に向かって、世界史は動いているのだと、こう申し上げました。

民主主義とは

今日、第一に論じますのは、民主主義というのは、全意を求めるのか、総意を求めるのか。

民主主義は全意か総意か――。

本来、全意とか総意という言葉は、ルソー（58頁参照）の言葉でありました。

法律は、お互いが話し合って、お互いの守るべきルールを決める。大事なことは上から圧力的に決められるべき筋合いのものではなく、お互いが話し合って、お互いの守るべきルールを決めるという、あくまで民主主義の建前をとらない限り、法には権威が付随しません。

「ある偉い人が勝手に決めたんだ」

というのでは誰も守りません。しかし、皆の守るべきことを皆が決めさえすれば良いのかというと、そうもいきません。法は同時に正義の基準であります。だから、理屈が成り立ちませんと、お互いの利害が出っ張りますと法律の裁きを受ける。

ということは、法律は同時に皆の守るべきものを、皆で作るというだけではなく、正しいものでなければならないのです。極端な言い方をしますと、社会正義の上に立ったものでなければならないのです。

そうしますと、法というのは、自治的な民主的決定さえすれば良いのではなくて、万人の納得のいく、万人が守るに値する社会正義の実現でない限り、これまた法というものは成り立たないのです。

「全意とは、多数決で、大勢が意見を述べ合って、どうしましょうかと決定するものであって、これは全意であって総意ではない」

ルソーはこう言ったのです。皆で決めるという点においては大事だが、皆で決めさえすれば良いわけじゃないのです。

仮にこれが一般の会社であったらどうでしょうか。全社員集めて、

「どうだ、今日は休みにしようか」

と言ったら全員賛成するでしょう。

「給料を今の二倍にしようか」

と言ったら間違いなく全員が賛成します。どこでもそうかも知れませんが、皆で決めさえしたら、それで良いのかということです。皆で決めたんだから休みにするのか。賃金を倍にするのか。そこなのです。

だから、皆で決めることは大事だが、皆で決めさえすれば、それが守るに値するということにはならないのです。皆で決めた中で正義の、社会正義に立脚したものだけが「総意」だと、ルソーは言ったのでした。

そういたしますと、民主主義は、あくまで「総意」を求めているのであって、「全意」を求めているわけではないのです。民主主義は皆で決めさえすれば良いのではなく、皆が守るに値する社会正義に立脚していない限りは、民主主義は完成しないということになります。

民主主義の求めるものは、皆で決めると共に、それは正義の法に合致してなければならないということになります。だから民主主義は、飽くまで総意を求めているのだということになります。

「全意」を求めているわけではありません。そうであるがゆえに皆が従うのです。

なぜ、皆が決めさえしたら、お互い従わなければならないのですか？

仕方ない、皆で決めたルールだから従うのですか？

皆で決めたルールだからといって、泥棒しますか？

やはり従うということは、お互いが納得出来るからでないと従えないのです。

「皆で決めたから、仕方ないじゃないか。納得してなくても従えよ」と。しかし、世の中はそうはいかない。お互いがみんなで決めたから従うのではないです。皆で決めたことが正しいから従うのです。

皆で決めたから従うのだったら、どんなことを決めても従うのか、となります。皆で決めたことが、万人の納得のいく正しいものだから従うのです。

民主主義は総意を求め、総意だから従うのです。その総意というのは、社会正義に立脚しているから従うのです。さすれば、民主主義の完成というのは、皆で決めるだけではなくて、社会正義に合致している事がない限り、民主主義は基本的に成り立たないのです。

社会正義とは

では、その社会正義とは何でしょうか。社会正義がわからない限りは、民主主義は成り立ちません。

今日当てはまっても、明日は当てはまらない。これは困りますね。私に当てはまっても隣の人には当てはまらん、これも困ります。

そうすると、社会正義というのは、時間的・空間的・過去にも当てはまり、現在にも当てはまるものということになります。現在も将来も、私にも隣の人間にも当てはまるということは、万人に当てはまるということです。

すなわち、時間と空間の上で満足されたものでなければならないという、時間と空間の上で満足されたものでない限りは、社会正義にならないのです。

これを最も端的な言葉で表しているのが、明治天皇から下しおかれた教育勅語の中の、

「古今ニ通シテ謬《あやま》ラズ、中外ニ施シテ悖《もと》ラズ」

という言葉です。

日本の国の中においても外においても――です。

「中外ニ施シテ悖ラズ」

という言葉になります。そうでないと社会正義というわけにいかないのです。

「時間を通じて」

ということは過去・現在・未来を貫いて、ということになります。時間を貫くということ、すなわち過去・現在・未来を通じてということになります。

これを学問的に「統貫史的法」と言います。これは私の用語です。歴史を貫いて、厳然として掟《おきて》となったものということです。この歴史を貫いて掟となったというのは、ある偉大な権力者があって、

「こら、お前達、俺に従え！」

というのでは、絶対時間を通じてとはいかないのです。その人がコロッと死んだらひっくり返ります。

統貫史的法とは

万世一系《ばんせいいっけい》の天皇が続いてきたというのは、国民が続けたのです。国民が続けずして、万世一系の天皇は続く道理がないのです。その証拠を挙げましょう。

中国に独裁権力者の誉れ高い秦の始皇帝という方がありました。文武百官《ぶんぶひゃっかん》並べて、

「我が子孫を無窮に伝えよ」

と、万世一系の宣言をしたのです。

文武百官は、

「ははぁ！」

と頭を下げたでしょうが、始皇帝が亡くなってからわずか十五年で崩れました。続くはずがないのです。権力、力で押さえつけてきたものは、力がなくなったらなくなります。

一方、（日本の万世一系が）歴史的に貫いてきたというものは、（日本人の）まともな良心がある者全て納得されたから続いてきたものです。そうでない限りは続く道理がないのです。これを私は「統貫史的法」と言っています。まず、時間を貫くということです。

けれども同時に、時間には空間がついています。その時代に何万の人、何十万の人、何百万の人がおり、次の時代にも何千万何百万がいるわけです。そうしますと「統貫史的法」というのは、時間を貫くだけではなくて、その時代、その時代の良心ある人の、良心ある人の満足を求めたものとも言えます。

空間的衆人の、その時代、その時代の多くの人——、その中には精神異常者もいます。訳のわからぬ偏屈者もいます。しかし少なくとも良識上、満たされたものということになります。それでなかったら続きません。良識上満たされたものでないと続きません。

天皇の過去の禄高は、一例が十二万石、一例が六万石、あとは五万三千石の浅野内匠頭《あさのたくみのかみ》以下です。三万石しかなかった。三万石しか持たない天皇——。

一方、公方様《くぼう》は八百万石を持ち、日本の財産の三分の一を個人が掌握し、旗本八万騎などと言われる（実数はもっと少なかったらしいが）軍隊を持ち、立法権・司法権・行政権など、「汝を死に処する」という権限ももっている絶対権限者である公方様ですら続かないのです。

ところが、司法・立法・行政権はもとより、兵馬の大権おろか、まともな軍隊すらもたず、しかも堀のない京都御所のような所において千年間、金力によらず権力なしで、なぜ天皇は続いたのか。これは「統貫史法」です。時間的空間的におけるその当時の人々の、「古今ニ通シテ謬《あやま》ラズ、中外ニ施シテ悖《もと》ラズ」

という良識ある人の満足、良心的に考えたら「そうだ」と言える何ものかがあったがゆえに続いてきたのです。しかも力によって抑えたのではなしに、権力によって抑えたのではなく、金力によって抑えずして——ということです。

国体とは

さて、民主主義は社会正義が確立されない限り、民主主義は成り立たないと申し上げました。この社会正義という言葉について、以前「ヨーロッパでいう社会正義とは」ということについて言いました。これは「東洋でいう社会正義」と違うからなのです。

もちろん我々の求めるのは、日本人の民主主義ですから、日本人の納得のいく、日本人が社会正義として納得のいく、しかも日本人がお互い守るべきルールとしてのものですから、当然それは日本的社会正義でなければならない。すなわち日本の歴史を貫いて、民衆を満足せしめてきた日本的社会正義でなければならない。

そこで一体、この日本的社会正義とはどういうものなのか。歴史を貫いて求められた社会正義とは一体どういうものであるのかということです。

これが、日本の国はどういう国なのかという建国の理想です。同時にこの建国の理想を称して、国の成り立ち、国はかくあらねばならん、国の、ありたいという一つの国家目標でもあります。

目標という言葉よりも、国家の願望とでも言いましょうか。こういう国でありたいという国民の願望ということでもありましょう。

これを称して「国体《こくたい》」と言います。前述のとおり、日本は奈良朝時代から国体と言ってきたのです。

ただここで申し上げたいのは、「国体」という言葉はどういうことなのかという定義です。それは民族の結合の原理ということです。日本民族は、どういう結合の仕方をしてきたかという、結合の原理というのが国体、国柄という意味です。

なぜかと言いますと、民族とは、三つのものの結合です。

同じ血が流れているという体質、すなわち「血縁」です。並びに文化、同じ日本語を用い、同じ社会通念の上に立っているという文化、これを「心縁」と言います。もう一つは同じ場所に住んでいる、これを「地縁」と言います。

民族は、ただ同じ体質だけではなく、同じ価値の基準を持ち、同じ言語をもち、すなわち文化を同じくして、何が正しいか何が正しくないかという価値の基準を同じくして、そして同じ所に、この日本列島という同じ所に住んでいる。民族とは体質と文化と場所を一つにまとめたものです。一つにまとめる、これを統一したもの、これを称して「治縁」と言います。

民族というのは血縁・心縁・地縁を治縁の関係に一つにまとまったものが民族です。だから民族にはどうしても、体質と文化と場所とを一つにまとめる、まとめ上げる結合の原理がいるのです。この民族を一つの姿にまとめ上げる結合の原理、それが「国体」なのです。

西周の誤訳の罪

参考までに「国体」という言葉の始まりを言います。

国体という用語は、出雲の国の「神吉詞《かむよごと》」という祝詞の中に一番最初に出てきます。出雲の『風土記』の中に出てきます。国造《くにのみやつこ》の「神吉詞《かむよごと》」という神様に対する奏上文の中に「国体」という言葉が出てきている。「くにかた」と呼ばせています。『延喜式《えんぎしき》』にも出てきます。このように「国体」という言葉は非常に古い言葉なのです。

現実の国体という言葉は、奈良朝時代の八七九年、京都の醍醐の三宝院を開いた理源大師（50頁参照）が「国体」という言葉を定義づけた最初の人のようです。

私がなぜこういうことを言ったのかというと、明治時代、法律学用語にシュターツフォルム(Staatsform)というドイツ語を、西周（52頁参照）が「国体」という言葉を使ったために、物事が間違ってくるのです。本来、奈良朝時代あたりからある国体は、日本という国の出来方、結合の原理、強いて言いますなれば「統貫史的法」でした。ところが、ドイツ語のシュターツフォルムというのは、主権在所の観念なのです。

主権が誰にあるか。君主に主権があれば君主主権、国民に主権があれば国民主権という、誰に主権があるかというシュターツフォルムという言葉に、「国体」という訳《やく》を西周がつけた。これが日本の不幸の始まりです。

実は、天皇に主権があるとかないとか、誰に主権があるとかないとかという考え方は日本にはなかったのです。

一軒の家ではどうでしょうか。お父さんに主権があるのか、お母さんに主権があるのか、決まらない限り家庭はやっていけない、そういうようなものではないでしょう。どっちにあってもいいじゃないですか。

日本の国体という言葉は、権力の主体が、力の主体が誰にあるかというような言葉ではなかったのです。それを誰に権力があるのかという言葉の訳語に「国体」という用語を使った。そのため非常に困ったことに、「国体」と言うと、

「天皇主権だ」「国民主権だ」

ということを言い出し、だから

「明治憲法は天皇主権だ」

「日本国憲法は国民主権になったから国体は変わった」

と言い始めたのです。

変わるも変わらぬも、もともと天皇に主権なんてなかったのです。それを主権が誰にあるかという言葉の訳《やく》に「国体」という語を使ってしまったので、戦時中非常な間違いを犯してしまった。その間違った観念の上に、またマッカーサーが来て、「明治憲法は天皇主権だ、やめてしまえ。天皇、あんなものは放り出してしまえ」となってきた。実はもともと奈良朝時代からの言葉は、そんな主権が誰にあるかということとはまったく関係がないのです。

民主主義の変遷

民主主義の変遷について触れます。

民主主義とは何か――。当初、民主主義は、君主を倒して君主の横暴と戦ったのが始まりでした。だから実はこういうことなのです。誰に主権があるかという立場から、君主に主権があれば民主主義ではない。君主制と共和制に分かれた、共和制というのは国民主権です。君主制は、特定の一人の人間に主権があるという。

君主がいるから民主主義に反する、ということから始まったのですが、どうです、ヒトラー*は君主でしょうか、毛沢東*は君主でしょうか。スターリン*は君主でしょうか。あれはみな国民の一人ですが、誰がソ連や中国を称して民主主義の国と言いましょう。

*ヒトラー（アドルフ・ヒトラー／1889〜1945）
ドイツの独裁政治家。第一次世界大戦後のドイツでヴェルサイユ体制打破、ユダヤ人排斥、反共産主義を掲げてナチス党を指導。1939年に第二次世界大戦を引き起こしたが、敗戦直前に自殺。

*毛沢東（もうたくとう／1893〜1976）
中国の革命家。中国共産党の創立に参加。農民運動を指導。中国共産党の最高指導者として、中国革命を最終的勝利に導き、中華人民共和国を建国、さらに文化大革命を発動した。

*スターリン（ヨシフ・スターリン／1879〜1953）
旧ソ連の政治家・最高指導者・独裁者。ソビエト社会主義体制の基礎を創出し、スターリン主義を体現した。

十九世紀から二十世紀になると、誰に主権があるかないかが、民主主義の国であるか、民主主義の国でないかの基準と考えました。しかし、ちょっと待って下さい。

民主主義というのは、誰に主権があるかではなくて、誰の意志によって主権が行使されるかということではないのか。特定の一人の意志によって主権が行使される場合、これを「独裁制」と言います。一方、みんなの意見に従って主権を行使するのを「民主制」と言いました。

今までは、誰に主権あるかということで、民主主義の国であるかないかを決められていたものが、十九世紀に至って、誰に主権があるかではない。誰の意志によって主権が行使されるかということになりました。これをドイツ語ではレギールンクスフォルム（langbeinige Runx-Form）、すなわち主権行使の内容です。

もしも誰に主権があるかで、民主主義の国か、民主主義の国でないかを決めるのだったら、明らかに現在の中国やソ連は民主主義の国です。君主がおりませんから。しかし、君主がいるかいないかが、民主主義か民主主義でないか、ではなくて、独裁か、皆の意志に従って行うかが、民主主義の国であるかどうかの基準だと変わってくるわけです。

すなわち君主がいなかったら民主主義ではなくて、君主がいなくても、独裁の国はいくらもあるのです。だから民主主義とは、誰に主権があるかという言葉ではなくて、誰の意思によって主権が行使されるかということなのです。

国民の意思によって主権が行使されたら、立派に民主主義ではないか。君主はなくても、特定の個人の意思によって主権が行使されたら独裁ではないのか。毛沢東しかり、スターリンしかり、ヒトラーしかり、ムッソリーニ*しかり、全部君主じゃない、けれど独裁者です。

＊ムッソリーニ（ベニート・ムッソリーニ／1883〜1945）
イタリアのファシズム指導者。第一次世界大戦後、ファシスト党を組織し、政権を獲得。後にヒトラーと提携し「枢軸国」を形成、第二次世界大戦に参戦した。

大事なことは君主のいる民主制がある。別に君主に主権があってもよいじゃないか。お父さんに主権があっても、かかあ天下の家庭だったら、お母さんの意思に従って行使するか。君主に主権があっても、議会が決めたことに従ってでないと君主を動けぬようにしておいたら一緒でしょう。君主の意思によって動いたら困る。国民の意思によって動くのなら一緒です。だから君主制の民主制がある。その代わり君主制の独裁制がある。君主がいなくても、特定の個人の意思によって動いたら、共和制の独裁制がある。同じく共和制の民主制がある。これだけ組み合わせが出てくる。

現在では、誰に主権があるかではなくて、百歩譲って、主権が君主にあってもいいじゃないか、君主の意思で行使しなければ。国民の決めた議会の意思で行使するのなら、それでもいいじゃないか——と。

ここに、この民主主義という考え方が、こういうように十八世紀から十九世紀にかけて変わってしまった。それをその辺の学者は、

「天皇は君主だ、君主があるから日本は非民主的な国だ」

と言う。そんなことを言い出したら、君主のある国はみな非民主主義の国です。イギリスはどうだ。オランダはどうだ。これらの君主のある国は全部民主国家じゃないのですか。誰かイギリスに行って、

「この国は非民主的国である」

と言ってごらんなさい、そんなもの世界に通用するはずがありません。誰に主権があるかではなくて、誰の意思によって主権が行使されるかが民主主義であるかないかが論じられるようになってきた。

もう一歩これを突っ込んでおきます。社会正義の話がとんだところへいってしまいますが、勘弁して下さい。

明治憲法は天皇主権か

そう言いますと、

「よく分かった。お前さんは、天皇に主権があっても良い、国民の意思で行使されたら良い、とそう言いたいのか」

と言われるでしょう。明治憲法は天皇主権である。現在は国民主権になった。けれど、「お前の論法から言ったら、天皇主権で良いのだろう、国民の意思に従って、天皇が行使するんだから。そう言いたいのか」

と――。

明治憲法の主権は、天皇主権だったのか。そこで、大事なことです。明治憲法の第一条は、

「大日本帝国ハ万世一系ノ天皇之ヲ統治ス」

となっています。第四条は、

「天皇ハ国ノ元首ニシテ統治権ヲ総攬シ此ノ憲法ノ条規ニ依リ之ヲ行フ」

となっています。これが天皇に主権があったかなかったかと、非常に議論が分かれるところです。これが非常に大事なところです。

第一条は「大日本帝国ハ」この「帝国」という言葉を間違えないで下さい。「帝国」というのは君主のある国という君主国ということですから、大英帝国と同じ表現です。「帝国」という言葉と「帝国主義」という言葉とを混同しないようにして下さい。左翼の学者はことさら混同するような言葉を遣う。「帝国」といったらすぐ帝国主義だ。帝国主義といったら植民地主義と言います。他民族の犠牲によって自らの民族の成り立つのを「帝国主義」と言います。

帝国というのは、君主国という言葉であって、君主のある国は全部帝国ですから。帝国主義とは何の関係もありません。だから、日本という君主国家は、

「万世一系ノ天皇之ヲ統治ス」

「天皇ハ国ノ元首ニシテ統治権ヲ総攬シ（此ノ憲法ノ条規ニ依リ之ヲ行フ）」

ここなのです。

第一条は「統治」で、第四条は「統治権」です。きちんと明治憲法は「統治」という言葉と「統治権」という言葉とが使い分けられているのです。

そこで大事なことを言います。

「総攬」ということは、「取りもつ」とか、「統合する」という意味です。統治権という言葉を、今の言葉で主権という言葉で扱ってきました。もちろん本来は、「大権」「統治権」「国権」という三つの言葉が明治憲法にありましたから、今日では主権という言葉として扱ってきました。

「天皇は国の元首にして――」

というのは、天皇は国の首の部分であってということであり、身体全体ではないのです。「元首」という言葉は、国際慣行上の用語としては「代表者」という意味です。

「統治権、主権を総攬し」

という「総覧し」ということは「統合する」ということです。

もし天皇に主権があるのなら、この言葉はおかしいのです。天皇は国の元首、首の部分であって、

「天皇の統治権を統合し」

という、こんな言葉があるでしょうか。

「国の統治権を統合し」

ということなら成り立ちますね。

おわかりになりますか。皆さん方が、自分の財布は自分のものですから、自分の財布を統合し、ということはないでしょう。天皇は国の首の部分であって、この主権、三権分立という国の主権

を、一つにまとめるのなら、意味がわかります。

「天皇の主権を一つにまとめる」とはどういうことですか。元々天皇のものだったら、一つにまとめるもまとめないもないでしょう。

天皇の御心やいかに

民主主義というのは、国家意思を求めることです。国の意思を求めることです。この国家意思ということが主権という意味です。

（国の組織は）法律を作る国会と、法律を解釈する司法（裁判所）と、法律を施行する行政（内閣）と分かれています。このように分けてないと、一人の権限者が勝手に法律を作って、同じ権限者が勝手に解釈して、その同じ権限者が法律を実施すると独裁が生じます。この独裁を避けるために、法律を作る権限と、法律を解釈する権限と、法律を施行する権限を分けたのが三権分立です。

だから民主主義とは三権分立だと言われるのは、一人の人が勝手に法律を作って、勝手に解釈して、勝手に行いますと、独裁を生じるから、それを避けるために、制定する権限、作る権限と解釈する権限と実施する権限とを分けたのです。

だから、民主主義のイロハと言ったら「三権分立」になるわけです。

けれど大事なことは、三つに分けたのでは、一つである国家の意思が出ません。国の意思が一つでなかったら困るでしょう。国の意思が二つにも三つにも分かれていたら何に従いますか。だから、議会でもめたら「政府の統一見解」というように。三つのものを一つにまとめ上げない限りは、統合しない限りは、国の意思になりませんね。

三つに分けておかないと民主主義が壊れて独裁になるし、三つに分けたら、もう一遍一つにまとめないと、今度は国の意志が出てこない——。

そこで主権というのは国の意思ですから、三つに分かれたものを一つにまとめ上げるという、この「総攬」が天皇の任務なのです。

だから天皇というのは、国の全体ではなくて、首の部分であって、国の主権を一つにまとめる、統合するというのが天皇の任務です。

こうなりますと、果たして明治憲法は天皇主権か——。

言葉を換えますと、明治憲法の主権は、法人格上の国家主権です。法人格上の国家主権、国に主権がある。天皇にも国民にも主権はない。天皇にもちろん主権はないのです。このような形において国に主権があるのです。

例えば会社でしたら、会社そのものに主権があって、社長は単なる代表取締役です。会社の意思を一つにまとめる代表取締役です。それを実施するのが代表取締役であって、社長が即会社の意志ではない。会社法はそうなっているのです。

会社の意思決定は取締役会議の決議ですから、法律的には社長の意思では決してありません。だから代表取締役、その取締役会議で決めることが会社の意思になるわけです。だから天皇は国の首の部分であって、国の主権を統合し——という、このどこに一体天皇主権があるのでしょうか。では、

「大日本帝国ハ万世一系ノ天皇之ヲ統治ス」

とは、どういうことなのでしょうか。

大事なことは、一方は「統治権」と書かれ、一方は「統治」と書かれている。

統治とは

これはこういうことなのです。実際、日本には「シラス」という言葉と「ウシハク」という言葉があります。日本人的なものの考え方を調べる上で、一番大切なものが神話です。『古事記』とか『日本書紀』は、民族の精神的遺産、日本人的ものの考え方を知るのが神話です。だから神話は歴史ではありません。

「天孫降臨——天から人間が降って来るのかい？」

その通りです。日本人的なものの考え方を知るのが神話です。その神話の中に、「シラス」と

いう言葉と「ウシハク」という言葉が明確に使い分けられているのです。

これはどこにあるかというと、国譲り物語という、大国主之命《おおくにぬしのみこと》のところへ建御雷之命《たけみかづちのみこと》がやって来て、というところにあるのです。

「汝がウシハケル国、我がすめみまがシラサン国なり」

とある。

「お前さんがウシハケている国は、皇孫邇邇芸之命《ににぎのみこと》のシラサン国なり」

という言葉があるのです。日本語にはシラスという言葉と、ウシハクという言葉とが使い分けられているのです。「シラス」というのは「統治」ということです。「ウシハク」というのは「領有する」、私有財産とするということです。

お前さんが、

「私のものじゃ」

と私有財産にしているこの国は、

「我がすめみま邇邇芸之命がシラサン国なり」

「統治なさる国だ」

と、こう言ってるのです。

まずこれがためには、天皇がミソナワス、これが総攬の攬という字で、天皇がご覧になる。そうして天皇がシロシメスのです。この国民はどうしているだろうかとお知りになる。そうしてお知りになるために、天皇はキコシメスのです。お聞きになる。

それで国民が祝詞《のりと》にもあるところの、

「かしこみ、かしこみ申す」

と、国民が申し上げるわけです。

「申す」という字は「白」という字を書きます。即ち天皇は、

「民はいかが」

とご覧になる。そして、

「国民はどういう生活をしているのか」

とお知りになろうとする。それで色々お聞きになる。

「国民は今こうでございます。ああでございます」

と申し上げる。

次はオシタモウ。これは「食べる」という字を書く。

すなわち天皇は、もしも我が身であったらどうしようかと、自分で経験なさる。我が身に引き返る。自分であったら何としようか。体験なさる。そうしてノリタモウ。天皇は国民にこうあってくれよという願いをされるのです。ノリタモウは勅語の勅という字です。願望をお述べになる。

こうあってくれよ。国民は天皇陛下のご人格を信頼してそれに従う。

だから勅語というのは命令ではないのです。天皇が国民に対する願望、お願いの言葉です。

もちろん勅語の中には国務大臣の副書がある勅語と、国務大臣の副書のない勅語がありますけれども。

人格的民心統一

少し法律的に説明しておきます。

法律は、気に入った者だけが守ってくれるものではありません。嫌でも守らせるのが法律です。気に入った者だけ守るのだったら法律ではありません。法律には必ず力の裏づけがあるのです。嫌な者でも決めたら守らねばならん。交通法規だってそうです。

「儂《わし》、嫌じゃ」

と言っても通りません。

だから国務大臣が全部署名捺印しているのが、いささかの力関係を裏づけておりますけれども。例えば、教育勅語の場合、「御名御璽《ぎょめいぎょじ》」だけであって、天皇のお名前とハンコだけであって、国務大臣が署名して捺印していないのは、何の法律的効果がないのです。

わかりやすく言ったら、守らなくても、誰も「ちょっと来い」と言わないのです。天皇が国民にお願いになっていることです。

だから教育勅語でもどうでしょう。

「朕、爾《なんじ》臣民ト倶《とも》ニ拳々服膺《けんけんふくよう》シテ」

とあり、「朕」が先です。

「朕、爾臣民ト倶ニ拳々服膺シテ」

握りこぶしを胸に当てて反省している。

「拳々服膺、咸《みな》其徳ヲ一ニセンコトヲ庶幾《こいねが》フ」

です。天皇が国民にお願いになっているのです。私がまず身をもって行うから。

「朕、爾臣民ト倶ニ拳々服膺シテ」

朕が先です。そして、

「咸其徳《みなそのとく》ヲ一《いつ》ニセンコトヲ庶幾《こいねが》フ」

と、国民にお願いになっている。願望であります。

それを国民が皆心から天皇をお慕いしているために、国民がそれによって自発的に納得した。

すなわち、日本という君主ある国は、

「万世一系の天皇がおわします」

ということによって、一つの姿を保ってきた国だというのが、

「大日本帝国ハ万世一系ノ天皇之ヲ統治ス」

という表現だったのです。

家庭で言ったら、お父さんが恐いから従うのじゃない。権力によって従うのではなく、金力によって従うのではない。お小遣いくれなくなるから従うのじゃない。お父さんを怒らせたら、お小遣いくれなくなるから従うのではない。お父さんを尊敬する、その尊敬するお父さんから、

「どうだ。うちはこういうようにやっていこうじゃないか」

と言われ、ここで家族の者がみな納得する。

これを「人格的民心統一」と申します。統治というのは人格的民心統一なのです。天皇の人格によって国民が心を一つにする。だから統治という言葉は、実は、ちっとも力の裏づけ、人を脅したり恐がらせたりする力の裏づけが、何一つないのです。

これは「三上の作り話だ」と思われたくないので、万葉集の一番最初に、

籠《こ》もよ　み籠《こも》持ち掘串《ふくし》もよみ掘串《ぶくしも》持ちこの岳《おか》に菜摘《なつ》ます児《こ》
家聞《いえき》かな………

野で菜を摘んでいる女の子に、

「菜摘ます児　家聞かな」

と。つまり、

「お前どこの娘じゃ」

という場面があります。天皇陛下が女の子にお尋ねになる。天皇自らが、先に身をもって行われて、それを国民が心から従う、自発的に自覚的に。

「天皇さんいうたって、俺関係ないわ」

と言うことはいくらでも出来るのです。都合が悪かったら「ノー」と言えるのです。にもかかわらず、人格的民心統一を行うことを、

「大日本帝国ハ万世一系ノ天皇之ヲ統治ス」

というのです。

「権」という字は「仮もの」という字になります。大納言の次に権大納言がありますが、あれは仮のものです。だから大納言より権がついていたら、この方が下だということです。

本来日本というのは、法律とか権力とか金力などで、皆を押さえつけることが、日本の国の願望ではなかったのです。

「天皇おわします」

ということによって、皆の気持ちを一つにまとめることが、日本の願望であり理想であったの

です。

とは言うけれども、これだけ頭数が増えて、わけのわからぬ者が増えたら、やっぱり言うことを聞かない者は、

「ちょっと来い」

と言うより仕方がないですね。

だから、そこに仮のものの統治権、主権というものが生じたのです。けれど、主権というものを生じる限りは、天皇といえども権力を握らせる事は独裁になります。天皇というのは、あくまで国全体の首の部分に過ぎないのであって、国の主権を統合なさる、もちろん主権者ではないが、この国の主権を統合なさる方だということです。

だから天皇と言えども、その統治権の総攬者としての主権を統合なさる役割を果たすのは、勝手にしてもらっては困る、憲法の条文に従ってやって下さいということです。こんなにまで天皇主権を避け、天皇の権力の構造を避けて来たのが明治憲法の第四条なのです。この辺が今日はどうもはっきり扱われていない。

日本的社会正義とは

話を元へ戻します。

民主主義というのは、総意を求めるものであり、誰に主権があるかということではなくて、誰の意思によって主権を行使するかです。しかも総意を求めるという限りは、万人の納得いく、

「古今《ここん》ニ通シテ謬《あやま》ラズ、中外《ちゅうがい》ニ施《ほどこ》シテ悖《もと》ラズ」

という社会正義がいる。社会正義なしには、民主主義の総意は求めようがない。

では、その社会正義とは何か。国民が歴史的に納得のいく、民族の歴史的に納得のいくものでなければならない。それが日本の国を、どういう造り方をしようか、どんな国にしようかという、それが国体、国の理想である。すなわち建国の理想というのが、実は社会正義の基準であるわけです。

このようにして、日本的社会正義として、神武天皇が日本という国を、今から二千六百数十年前にお造りなった。それが正しいか否かは、ひとまず待つとして、建国の理想とは、日本人的社会正義とは、一体どういうものであったか。

神武天皇は、こういう国を造りたいと仰せになったのです。すなわち建国の理想です。

「慶《よろこ》びを積み、暉《ひかり》を重ね、正しき道を養わんが為に」

の前にあります。

「それ大人《ひじり》の制《のり》を立つる。義《ことわり》必ず時に随ふ。荀《いや》しくも民に利有《くぼさ》らば、何でか聖《ひじり》の造《わざ》に妨わむ」

制度というものは時代とともに変わるべきものだ。仮にも国民がそれで幸せになれるというの

なら、どんどんと制度というものは変えていかねばならん。

そして、どういう国を造りたいか。

「慶《よろこ》びを積み、暉《ひかり》を重ね、正しき道を養わんが為に」

「積慶《せきけい》、重暉《ちょうき》、養正《ようせい》」

「慶を積み」とは、今流の言葉でいいますなれば、生活の保障であります。

「暉を重ね」とは、食べられさえしたら良いわけではない。人間らしい食べ方、精神文化の豊かさであります。精神文化の豊かさ、我々の生き甲斐のある、生きる意義・目的を明確にした食べ方であります。

いかに生活の保障があっても、動物園の檻《おり》に入れられたり、現在の共産党国家のように鞭で打たれたりする生活の保障では人間が住めないのです。生活の保障は、人間の生きる生き甲斐ある、精神文化の豊かさをもった。同時に、金力と言わず、権力と言わず――。

なぜ国民はロッキード事件に怒りをもつのですか。お金で世の中を左右したからです。金力において縛られることには、国民は怒りをもつ。さらに権力を乱用する役人には、これも国民は怒りをもつ。さらに怒りをもつのは暴力です。

権力によらず、金力によらず、暴力によらず、人の道の貫く世の中でないと、道義の一貫した世の中でないと、人間は従えないのです。暴力の横行する世の中は、野獣は住めても人間は住めないのです。金力によらず、権力によらず、暴力によらず、人の道が貫かれている世の中でないと人は従えないのです。

「正しき道を養わんがために」

ということです。

上に立つ者の心得

上長たるべき者の大事な道は、己の部下を見るのは「一視同仁《いっしどうじん》」でなければなりません。部下を我が子を見るが如く、同じに見られますか。上に立つ人は、部下が縁あって自分に仕えてくれる。自分は人から仕えられるに相応《ふさわ》しき人格をもっているか。俺の何に仕えているのか、という自己反省が欲しいのです。自分の行為に恐れ、恐れ、恐れて、自己反省している者に初めて我々は仕えられるのです。

権力を欲しいままにして、人をやっつけることに歓びを感ずるような上役に誰が仕えられますか。自らの行為を恥じて恥じて、薄氷を踏む思いで人の上に立っている者こそ、初めて部下が仕え得るに値する上役なのです。

並びに大事な事は「破邪顕正《はじゃけんせい》」です。

邪《よこしま》が横行しては人間は住めません。

「邪を破り正しさを顕す」

という正義の人でない限りは、これまた上役として仕えようがないのです。

国の理想として言うなれば、生活の保障と、生き甲斐のある精神文化の豊かさと、道義の一貫性ある国家こそ、我々が命を掛けるに値する国家理念です。

○積慶……一視同仁

○重暉……自覚、自己反省

○養正……破邪顕正、秩序

指導者の道として言うなれば、ものごとを「一視同仁」、公平に扱ってくれる。常に自己に対する鞭打ち、反省に反省を重ねる自己反省。たとえ些細《ささい》なる邪であろうと、邪を破って正義を守ってくれる上役でなければ、これまた仕えられないのです。

これをさらに一言で言うならば、「一視同仁」とは公平です。自己反省、慶びを同じくする。お互いは上から押さえられた行為ではない、自覚ある行為、人格と人格とのつながりにおける自覚ある行為、上役として下役として、親として子として、師匠として弟子として。それと秩序であります。

三種の神器に込められたこと

こういう国を神武天皇は造りたい。これが日本という国の建国の理想、日本という国の、こういう国でありたいという目標、実は日本の国の社会正義の基準であったのです。

日本という国の、これが社会正義の基準であった。歴史を貫く社会正義の基準であった。

そこで皇位とは、日本人かくあれかしという道の位でした。それは日本的社会正義でした。日本的社会正義の基準でした。同時にこうあって欲しいという国家の理想でした。

「二千六百年の彼方に、こういう国を造りたい」

といったことは、後から作ったことだという学者もいるでしょう。それも良いとしましょう。けれど、少なくとも、千三百年前の『日本書紀』に載っている限りは、千三百年前には既にこういう国を造りたいという国民的願望が固まっていたのです。

ならばこそ『日本書紀』という正当なる歴史書に出ているのです。少なくとも千三百年前でもいいじゃないですか。千三百年前に既にこういう国を造りたいという社会通念が固まっていたということです。これははっきり言い切れる国家の理想であります。同時に、これが統治理念でありります。

日本人というのは、実に頭の良い人種であって、言葉で残したら時代とともに解釈が変わるから、これを形で残した。

その形とは何か。

「慶《よろこび》を積み」を「玉」で表し、

「暉《ひかり》を重ね」を「鏡」で表し、

「正しき道を養わんがために」を「剱《つるぎ》」で表わした。

これが八坂瓊勾玉《やさかにのまがたま》、八咫鏡《やたのかがみ》、草薙剱《くさなぎのつるぎ》という三種の神器です。三種の神器とは統治理念、日本的社会正義の内容です。内容ということは具体性です。つまり、

○玉……積慶……生活の保障

○鏡……重暉……精神文化の豊かさ

○剱……養正……道義の一貫

ということです。そうして天皇が、歴代天皇たるの御印《おしるし》として三種の神器を継承しておいでになった。受け継いでおいでになった。統治理念の継承です。こういう国でありたいという統治理念の継承です。

だから天皇の位に就かれ、必ず三種の神器を継承して来られたというのは、こういう国造りをしたいという統治理念、日本的社会正義を受け継いでこられた。而《しか》して天皇であります。

天皇は身をもって統治理念を行われる「道義の師表《しひょう》」であります。日本人かくあれかしという

道義の師表であります。歴代の天皇は身を以て、この統治理念を行ってこられたという道義の師表です。

そこで一方、国民はこの天皇様を尊敬仰慕《ぎょうぼ》した。お慕いした。国民がお慕いしたならばこそ、一兵の護衛ももたず、金力、権力、兵馬の大権ももたず、この御所におられたのです。

今はビルが建っておりますのでどうにもなりませんが、大文字《だいもんじ》というと、国民とともに京都御所の池に「大文字」を映して、陛下と一緒にお請来《しょうらい》さんを送ったのです。だから、右側の大と左側の大が映ります。右側の大字が映りますと、逆に映るので、逆字になってるのが左大文字、映った時に正式の字になるのです。左大文字。池へ映ったら逆になりますからね。

そうして国民が一つに、天皇をお慕いして、身をもって天皇が国民はこうあってくれよとお願いになる。身をもって行われる。国民がそれを慕う。我々も天皇と同じように日本的社会正義を守り、ともに建国の理想を守り、そのような理想の国を造ることを、我々も心がけねばならんとして人格的民心統一、すなわち統治が行われる。

天皇は金力、権力、暴力など力に頼らずにきました。

さてその次に、民主主義の完成のためには、どうしても社会正義なくしては、その社会正義を皆が守らなくては、民主主義は完成しません。

その社会正義の出処を天皇に求める。社会正義を身をもって行われる先生を天皇に求めてきたから、金力によらず権力によらず暴力によらずして二千六百数十年続いているわけです。では、天皇が天皇たる所以《ゆえん》は一体どこにあったのか。

第三文化は体系化にあり

さらに一歩話を進めます。三番目は体系化という事です。

今AとBが、矛盾対立した時に、解決方法はいくつありますか？

一つ、AがBを支配する。これも一つの解決ですね。

二つ、この逆、BがAを支配するのも解決です。解決と言えないかも知れませんが、AとBが激突して、共に死ぬことも決着でしょう。もう「止めよう」と、AとBが無関係になることも一つの解決でしょう。

では会社経営で言いましょう。今の左翼連中の言葉を用いるならば、仮に資本家と労働者というものが、対決したとしたら資本家が労働者を支配することも解決。

労働者が資本家をやっつけて労働組合管理にすることも解決。

労働者と資本家とがトコトンまで激突して、会社を潰すのも決着だ。

会社を潰すのは嫌だから解散しようじゃないか。これも決着だ。今なら退職金も出してやれるから止めようじゃないかい。無関係になる。でも、そんなことしたらお互いが食えません。

もう一つの解決は「体系化する」ことです。それは異なりを認めながら一つを自覚することです。皆さん、御自分の手を見て下さい。親指は親指、人差し指は人差し指、高々指《たかたかゆび》（中指）は高々指と異なっていますが、物を持つという一つのことをする。異なりを認めながら一つを自覚している。

この場合、争いもなければ、ここに何の支配関係もないです。物を持ったから、親指が人差し指を、中指を支配してるということは何処《どこ》にもありません。

この異なりを認めながら一つを自覚するという、これを「和」と言います。

日本語には和魂《にぎたま》という言葉があります。神道の和魂という言葉は、幸魂《さきたま》と奇魂《くしたま》に分かれます。幸魂は幸せな魂、奇魂は不思議な魂ではありません。

「サク」というのは花が咲く、ものを切り裂くという。実は発展することです。数の多くなることであります。奇魂とは、団子の串、髪の毛の櫛のように統一することです。一つの姿を保つことです。すなわち、この統一ある発展を、実は「和」と言うのです。

「和」というのは統一ある発展です。

発展なき統一、発展がなくて統一だけだったら、それは退歩になります。統一なき発展は分裂になります。世の中の求めているのは統一ある発展です。これが世の中の一番まとまっていく理想の形態です。

それをマルクスは、

「世の中は内部矛盾がある。矛盾は闘争で解決する。一方が一方を倒し切ったら良いのだ」と言いました。これが人間的解決か。統一ある発展を求めることの方が人間的解決か。どうでしょう。

もしもこの宇宙というものの根底が「物」で出来ている、宇宙というものが物で出来ているならば、物の結合の法則に従って動くでしょうね。同じく宇宙が「心」で出来ているならば、「心」の法則に従って動くでしょう。もしも宇宙が「命」で出来ているならば、生命結合の法則で動くでしょう。

さあこうなってくると、宇宙は「物」で出来ているのか、「心」で出来ているのか、「命」で出来ているのかということが問題です。

東洋思想は、宇宙は、地球をも含め、人間をも含めて、これ全部生命体である、「命」で出来ていると考えています。東洋哲学は唯物論にあらず、唯心論にあらず、宇宙も私も「命」で出来ていると考えます。そうすると、命の結合の法則に従って動くべきだということになります。これを生命弁証法と言います。

宇宙が物で出来ているならば、物の法則たるべき唯物弁証法に従って動き、宇宙がもしも心で出来ているならば、心の法則とでも言うべきか、というのはちょっと誤解を招きますが、ヘーゲルの言う観念弁証法で動き、宇宙の根底が命で出来ているならば、命の結合としての生命の弁証法的発展に従って世の中は動いていると見なければならない。

お互いは生命体であります。すなわち、生命結合の法則に従ってお互い動いているのです。この生命結合の法則とは、和であり、異なりを認めながら一つを生きる、統一ある発展であります。こうしたことから、親指が人差し指、中指を支配した何ものでもないです。ただ親指は親指としての所を得しめているのであって、人差し指は人差し指としての、中指は中指としての所を得しめているのであって、人差し指も中指も親指も何も支配関係、矛盾対立の関係はないのです。統一ある発展、親指だけで出来ない、人差し指だけで出来ない、中指だけで出来ないことを三つ組み合わせて、何処にも支配関係も矛盾ない。

一つの別のことをしているのですが発展しているわけです。統一ある発展をしているわけです。異なりを認めながら一つを生きるのです。

大事なことは、統一ある発展の体系化こそ、命あるものの理想の結合の仕方であり、矛盾対立の最も理想的なる解決方法であって、人をやっつけて、相手をこの世から抹殺して、というような野蛮な方法が、果たして人間として許される、矛盾対立に対する解決方法でしょうか。

どっちが進歩した考え方だろうか。気に入らないのなら排除するというような考え方は、三つの子供でも出来ることです。命あるものはあくまで体系化を求めているのです。

『桃太郎』の意味と意義

皆さん方が小さい時分に、嫌と言うほど祖父母から聞かせられた『桃太郎』。

桃太郎が連れて行った家来は犬と猿とキジです。しかも犬猿《けんえん》の間柄と言われる仲の悪いはずの犬と猿をまとめたのは、日本一のキビ団子です。

これも大事なことです。一つはやらん、半分やろうというので、一つのものを二つに分けてやりました。あれ二つのものをやってご覧なさい、きっと大きい小さいで争います。だから実はキビ団子というのが和魂なのです。犬と猿とキジという犬猿の間柄と言われたものを、みごと統一ある発展にもってきた。キビ団子が体系化の基準です。みんな子供の頃に習ったおとぎ話だって、こんなものが出て来ます。

もう一つ言います。

桃太郎は武人でした。武というのは「智仁勇」を総称したものです。

武人というものの中味は「智仁勇」を備えていなくてはならない。猿の智、犬の仁、犬が勇ではないですよ、犬の仁、キジの勇。犬というのは強そうに見えますが、非常に中味の優しい動物です。キジというのは優しそうに見えて、ヘビに身体をくるくると取り巻かせながら、パッパッと羽ばたきによってヘビをチョン切って、これを啄《つい》ばむという例えがあるように、おとなしく見えていますが、最もキジが勇気をもっているという意味で、真の勇気は怒鳴り上げたりする形ある勇気ではなく、一見おとなしく見えても勇気を秘めていることこそが勇の形であるという。仁は、厳《いか》つく見えても中身に優しさをもっているのが仁だというのです。智仁勇を称して猿犬キジに例えたわけです。

いずれにしても犬猿の仲と言われるものを日本一のキビ団子が犬と猿をまとめた。これが和魂、統一ある発展です。日本的ものの考え方は体系化、和を求めているのです。

皆様方の与えられた仕事においても和が必要です。上長の人格を中心として、各々が各々の、親指は親指、人差し指は人差し指、中指は中指という各々が各々の与えられた部署を完全に社会的任務を自覚した行動、しかも、

「俺の与えられた仕事さえやっていたら、俺、給料貰えるんだ」

というようなことではなく、共通の目的を、共通の運命を自覚しながら、各々が各々の仕事を果たしていく。

これが統一ある発展であり、お互いが一点の不愉快さもなく、お互いが皆と共に喜びを分かち合って発展していける道が、この和であります。

命あるものは体系化を求め、この和を求めている。この和の世界には、実は自由と平等が一致しているのです。

人類史が求めて止まない人格の尊重と社会正義の平等の実現は、自由主義と社会主義との求めて止まない第三の文化は、この生命結合の原理に至る道は、体系化法則の中にあるのです。異なりを認めながら一つを自覚するところにあるのです。

体系化と人格的民心統一

ところが、体系化するために、どうしても大事なことがあるのです。今度はどういう時に体系化出来るのか。それにはどうしても中心人格がいるのです。人間社会においては、やはり中心になってくれる人がどうしてもいるのです。だから、その辺の集団でも会を作ったら、

「誰を会長にしようか」

ということになります。

人間の集団には中心人格なくては団結が出来ないのです。バラバラになるのです。統一が出来ないのです。願わくばその中心人格が、道義の師表であってくれ。お互いみんな会のためにと言いましても、会長自らが本当に会のために尽くさず、己のためにしていたのでは、誰も会のために出来ません。

中心人格自らが何よりも、少々会員の中には不心得な者がおっても、中心人格は自らがその道義の師表、共通目標達成のための努力を、身をもって行ってくれない限りは、体系化は出来ない

のです。

同時にその中心人格を尊敬仰慕して、

「ああ、俺達も協力しなけりゃいかんな」

と思うようになる。ここにおいて人格的民心統一、体系化が成り立つのです。

最も必要なことは、命あるものの世界において最も必要なことは、実は矛盾闘争ではなく、対立闘争ではなく、異なりを認めながら一つを自覚する体系化にあるのだ。その体系化こそ、自由と平等の一致、世界史が求めて止まないものなのです。

その体系化を行うためには、どうしても中心人格がいるということ。並びに中心人格が、お互いの共通目標、社会正義実現のために身をもって行う人格者であることです。

皆がその人格を慕い、我々もあの人と同じように、会全体のために努力しようじゃないか、ということでない限り、体系化はできないのです。

そういう状況で、日本民族が、日本民族の民主主義、日本民族かくあれかしという願望の立場において守り通して来た社会正義、建国の理想、統治理念である、

「慶びを積み、暉を重ね、正しき道を養わんがために」

ということです。

しかも、かかる統治理念を、万世一系の天皇という天皇の天皇道として、天皇はかくあるべし

という天皇道として、それが二千有余年にわたって守り通されてきた。

しかも統治理念の内容としては、三種の神器として、それが形として継承された。天皇が身をもって、それを行って来られた。国民はそれを仰慕することによって、金力によらず権力によらず暴力によらずして、一つの姿を保ってきたというのが日本の歴史であり、天皇をなぜ守られねばならないかという点がそこにあったのでした。

結局、天皇が救った

最後に申します。

しからば、統治理念、道義の師表たるに相応しい人格が、現在の裕仁天皇*（昭和天皇）におわしますのか。最後の言葉です。ご承知の通り「上文、上に達せず」です。天皇陛下の御裁可なしに宣戦布告をやったのです。

「朕が不徳なり」

として陛下は判をお押しになった。この太平洋戦争中においても、最も悩み続けられたのはもちろん陛下でした。

しかもあの有名な無条件降伏の時にも、阿南《あなん》陸相が陛下のお袖を持って、

「一億玉砕！」

を叫んだ時、有名な、

「阿南、泣くな」

と。さらに、

「たとえ自分の身体がどうなろうとも、国民達のこれ以上の苦しみは、深憂に耐えん」

として、陛下の御一言によって日本の国は敗戦を迎えたのです。

天皇の一言なかりせば、恐らく一億玉砕の立場において、現在のベトナムのような立場に日本の国はおかれたでしょう。

＊裕仁天皇
昭和天皇（1901〜1989）第百二十四代天皇。60年余りの在位のなかで、第二次世界大戦・大東亜戦争をはさみ、大日本帝国憲法下の「統治権の総攬者」の天皇と、日本国憲法下の「象徴天皇」の両方を体現された。

四分割の分割統治案の出た当時ですから、北海道・東北はソ連に押さえられ、関東・中部はアメリカに押さえられ、山陰・山陽・関西は英国に押さえられ、四国・九州は蒋介石に押さえられる運命にあったのです。もしも天皇の一言なかりせば、我々の今日の復興などということはもちろんなかった。

しかも天皇主権と考えたマッカーサーにおいては、何としてでもこの天皇を放逐しておかない限り、またぞろ日本は立ち上がると思った。この天皇は馬鹿か精神異常者か偉大なる聖者か。負けた国の君主たるべき者が命の永らえるはずがない。絞首刑か八つ裂きの刑に合うのが歴史である。それともこの間のエジプトのようにどこかへ亡命するか。

にもかかわらず、一兵の護衛も持たず、司令部と眼と鼻の先にある二重橋の彼方に厳然として控えている。

天皇の「料理」の仕方には、マッカーサーの報告書によれば四つありました。

一つは、東京裁判に引き出して絞首刑にかける。

一つは、共産党を立て、挙げて人民の裁判の名によって、これを血祭りに上げる。

三つは、中国へ亡命させて、そしてこれを殺す。

四つは、一服盛ることによって、闇から闇へ葬る。

いずれにしても天皇は殺されるべき運命にあったのです。

その天皇が敗戦直後、マッカーサーに面会を申し込まれたわけでした。ついに時期は来た。今こそ天皇を捕まえる時が来たというのです。

ズバリ申し上げます！

昭和五十三（一九七八）年十二月四日、陛下の人間宣言に対する記者の質問に対して、陛下が色々お答えになっておりまする項目の中に、

「マッカーサーとのご面談の内容は」

ということに対して

「男と男が約束したのだから」

と言ってお答えを避けられたのですが、昭和二十（一九四五）年九月二十七日、その時天皇の通訳をした武藤という方が語っています。

ついに天皇を捕まえる時であると言って、二個師団にマッカーサーは待機を命じた。天皇は一兵の護衛ももたず。しかもただ一人、武藤通訳をお連れになって、マッカーサーの前に立たれました。マッカーサーは傲慢不遜にもパイプをくわえて、ソファーから立とうともしなかった。

天皇は国際儀礼としてのご挨拶が終わり、淡々としてお述べになりました。

「日本国天皇は、この私であります。戦争に関する一切の責任はこの私にあります。すべてが私の命において行われた限り、日本にはただ一人の戦犯もおりません。しかしながら長年の戦いにおいて、罪なき八千万の国民が住むに家なく、着るに衣なく、食べるに食なき姿において、実に深憂に耐えぬものがあります。どうか閣下の温かきご配慮を賜りまして、この罪なき国民の衣食住の点に、ご高配を賜りますように……」

マッカーサーは、いやその前に、武藤さんが驚いたのは、その通り通訳してよいのかどうか。マッカーサーは、必ずや天皇は命乞いと、自分の財産保全のために来たものと思ったのです。

しかしマッカーサーは驚いた。思わずすっと立ち上がり、やれ軍閥が悪い、財界が悪いと全ての人間が他人に責任をなすりつけている時に、

「一切の責任はこの私にあります。絞首刑はもちろんのこと、如何なる極刑に処せられても」

と言い得たのは、日本天皇ただ一人であった。

この事実を、我々は忘れてはならないのです。

マッカーサーはすっくと立ち上がって、

「すぐに武装を解け。天皇には覚悟が出来ているから、逃げも隠れもすまい」

と、陛下を抱くようにして、今度は椅子に座らせ、一臣下の如くマッカーサーは直立不動で、

「日本の天皇とは、このようなものでありましたか。私も日本人として生まれたかったです。陛下、ご不自由でございましょう。私に出来ますることがあれば、何なりとお申し付け下さい」

陛下は再びすっくと立ち上がられ、

「閣下は日本人でないから、私の気持ちが解かって頂けない。命を捨てて、閣下のお袖にすがっておりまする私に、一体何の望みがありましょうか。どうか国民達の衣食住の点の上に、重ねてご高配を賜りますように……」

当時の日本は一千万の餓死者の出る状況に置かれていました。この天皇の一言が一千万の餓死者を救ったのでした。

国民と共に

その明くる年でありました。一月四日、皇霊殿に母君の貞明皇后が陛下をお呼びになり、焼け野原の東京の市中を共にご覧になった。一日千秋の思いで、我が子の復員を待ちわびる年寄り達の姿があった。

「陛下、このように国民は苦しんでおります。すべてが陛下の御不徳によって……、陛下のお徳が足りないが故に、国民はこのように苦しんでおります。陛下、お腹をお召しになろうなどということは、ご卑怯ではありませんか。退位は絶対になりません。陛下の万歳を叫んで死んで行った護国の英霊の労苦をねぎらいなさい。産業戦士の御家族をねぎらいなさい」

陛下はその時に母君にすがって泣かれたそうです。そして陛下はそのあくる日から行幸されるのです。

一番最初に行かれたのは広島の地でした。そこで、共産党の腕利き達が、戦争犯罪だと裕仁天皇に対し、我らは恨みを報じようとしてデモをやった。

一人の護衛も立てず、ツギのあたった背広をお召しになり、中折れ帽を被られた陛下が駅頭にお立ちになりました。国民にとってはむしろ陛下がお痛わしかった。我々国民達がこのような陛下にお嘆きを与えたのだ。

「天皇万歳、万歳！」

という中で陛下の巡幸は続き、ついに共産党は手を出すことは出来なかった。

さる土地においては、こんなことをしたら警察署長なんて腹切っても済まないことになりませんか。土地の名前言うことはご勘弁頂きたい。

朝鮮人が陛下に発砲した。八十二歳の老婆が陛下をかばおうとして死んだ。○○県においては、

「○○、汝臣民飢えて死ね」

というプラカードを仕立て、二・一ストもありました。お付きの侍従達は陛下に、

「お逃げ下さい」

と、言われました。○○県でのことでした。しかし、陛下は皆の前に土下座して申された。

「あなた方が私を打擲《ちょうちゃく》することで心が癒えるなら存分にされたがよい。しかし、この日本の国を一日も早く復興するということが、護国の英霊の労苦に対して報いる道ではなかろうか」

デモがむしろ「天皇万歳」に変わったことは言うまでもなかった。こういう中で天皇のご巡幸は続いたのでした。

民安かれが天皇の願い

皆さん方、我らが二千六百年の間に生んだ天皇なる人格は、一朝一夕で出来上がる人格ではな

いのです。そのような人格ではないのです。

釈迦が何と言おうと、キリストが何と言おうとです。ソクラテスや孔子が何と言おうと、言い難いが、そのような人格ではないのです。

歴史の年輪の中に積み重なって来た人格は、本当に民安かれと願うばかりの天皇のご人格です。

かつて、私もさることがあって、和歌山へ行幸のお伴を申し上げたことがありました。たまたま台風に見舞われまして、白浜でお泊りになった。私達は、台風が九州へ入ったら、関西や関東の方が助かったと思う。関西に入ったら、九州や関東が助かったと思うでしょう。

ところが、どこの県へ台風が入っても一人悩んでおられるのは天皇様なのです。台風が抜け出るまで三日かかりますから、北海道を抜け出るまでは。その三日間の間、一食もなされず一睡もなされんと言った。和歌山行幸のみぎり、私もふとしたご縁で、県知事から頼まれたものですから。その場面に出くわしたのです。

ちょっと笑い話を言いますと、宿の亭主が、天皇様が非常に心を悩ましておいでになるから、少し慰めてあげようと思って、魚釣りをお薦めしました。

「釣りというのは、なかなか醍醐味のあるものでございます。陛下、この庭の鯉でも釣られたらどうでしょうか」

とお薦めしたら、天皇様は顔を曇らせながら、

「釣るというのは魚をだますことじゃないのか」

とおっしゃったのです。陛下にはだますなんてことの観念はないですからね。これには宿屋の亭主も弱ったのでした。

那須の御用邸の食物でも、必ず二種類の食物しかお摂りにならないことは有名なことです。陛下のご人格というものの中には、本当に社会正義そのものしかないのです。微塵の私心《わたくしごころ》は、そこにないのです。

ご心労多かりし陛下は、ご無礼だとは存じますが、お年の割によぼついておられます。階段でも一段一段しか上がられないほどです。かほどまでに陛下にはあまりにもご心労の多いことでした。

陛下が命をかけて、無条件のご聖断をなされましたのは、今の皇太子殿下よりお若い時だった。我らが陛下といえば、ご年配に思うけれど、四十そこそこの、現在の殿下よりお若い時だった。四十の未熟者の私をして言わしめれば、そのご年配でさぞかしご心労の多かったことであろうと。あの当時陛下はその若さでした。

どうか皆さん方、天皇とは、なぜ必要であるのか。

それは日本人的社会正義の師表である。体系化の中心人格である。しかも陛下こそ、それに相応しき万世一系、道統の師表たる天皇道の上に立った、二千六百年の間において築かれた偉大なる人格である。このような人格は一度壊れたら、二度とこの地上には生まれてこないのです。

　私達が天皇を守らんとする理由も、第三文化の帯同とともに、かかる人格は歴史の上に一たび崩れれば誕生しない人格である。一代二代で出来る人格ではないからです。

　でも皆さん方、このような偉大なる人格が、我々の幸せのみを考えて下さる人格が、この日本におわしますということは、我々にとっても何と力強い幸せな事ではありますまいか。

　でも、皆様方こそは、この偉大なる国体と人格を守る、尊い任務の中におられているお方である、ということをご自覚賜りますなれば、三回に渡ります未熟な三上の講義もいささか報われようかと存じます。終わります。

第四章

第三の文化の提唱
～自由主義と社会主義～

昭和四十三（一九六八）年四月二十五日　三上照夫四十歳誕生日会講演録より

経済学博士のカルロ・シュミット*らの推挙で、ドイツ・ミュンヘン大学の学位を取得した論文の大要でもある。この年、アメリカでは四月にキング牧師、六月にロバート・ケネディ大統領候補暗殺があり、ベトナム戦争も激化。国内では「三億円強奪事件」が発生するなど激動の時代だった。

*カルロ（カール）・シュミット（1888～1985）ドイツの政治学者・法学者。「ナチスの御用学者」として非難される戦前の「政治的ロマン主義」や「独裁」等から、戦後の『大地のノモス』『パルチザンの理論』の著作がある。

個人と社会の実相

我が国は敗戦の大打撃の中から、奇跡的な復興と飛躍的経済発展を遂げてまいりました。しかし、その反面、我々日本人は、本来的にもっているはずの日本人の心を忘れ、物質文明の拡大にともなう深刻な諸問題に悩んでおります。

それはまさに、現代が西欧を中心とした文明や文化、ひいてはそれらを推進している西洋哲学思想と、その実践形態としての自由主義や社会主義が、いよいよその限界に到達したことを如実に示しているると言えるのではないか。

そこで私は、昨今のこうした国際情勢、政治経済情勢に鑑《かんが》み、未来における国家と社会のあるべき姿をここに顕《あら》わしておきたいと思います。

自由主義と社会主義とが、なぜいけないのか。また、自由主義と社会主義に対して私は、どういう立場を主張するのか。今日はそうした内容を中心にお話をしておきたいと考えます。

今日の演題は「自由主義と社会主義について」です。

一番最初に、説明をしておかねばならないことは、あくまでそれは今日の自由主義を論じ、社会主義を論ずるにしても、所詮は個人と社会との関係に尽きております。

まず、序論の立場で言うと、個人と社会という関係において、今日の自由主義並びに社会主義が生まれておるわけです。

しかし、我々はここで言わねばならないことは、人間は社会的な環境に制約されているという事実です。人間は社会的な環境に制約されている。間違いなく私達は日本人である限り、日本の言語を使います。日本の文化の中において、確かに人間は社会的環境に制約されております。

このように、全体から個としての制約を受けながら、しからば全てが、その無条件的な制約のみに徹しているのかと言いますと、さにあらずして、今度は個たる人間は、明らかに自由によるところの創造をもっております。人間は創造性をもっております。

新しいものを生み出していくという、こういう両者の関係の中に、私達は常に生活をしているのです。これは言葉を換えますと、人間は明らかに動物的・本能的生活をもちながら、この点においては他の動物とも変わりません。そうかと思いますと、一方において、真・善・美を求める人格体であります。

人間はこのように一見、相矛盾したと見えるような両者の反面をもっているのです。

否《いな》、これが人間の実相なのです。そこに私達が、常に考えていかねばならないことは、人間は動物的、本能的欲望の体系としての生活の半面と、真・善・美を求める、共同運命を求める人格体としての両者をもっているのです。

私達は生命体系として、命と命の繋がりとしての、生命体系としての共同社会を基盤に置いています。親であり、子であるといった血の繋がりに見られる生命体系、共同社会としての根底をもっているのです。

ですから、共同社会としての根底は、一時的、法律的、権力的構造ではありません。すなわち時代を超えて、あらゆる権力構造を超えて、その人間としての繋がりを民族としてもっているわけです。このような民族としてもっている共同社会・生命体系は、一時的・法律的・経済的・権力的な繋がりから生じたものではありません。

強いて申しますと、それは民族の歴史伝統的自然結合より生じた体系であります。繰り返しますと、権利だとか、義務だとかといったような法律的な内容だとか、生産手段をもっているとかもたないといった経済的な内容から、この生命体系は生じたのではなく、民族の歴史伝統的なところから、いつの間にか一つの形を作り上げて来た、それは自然結合としての存在の生命体系なのです。

これとともに今度は、時代的制約を受ける生活体系との上に出来上がりました。これは明らかに一般共同社会ではなくて、権力社会です。力関係の社会です。金力と言わず、権力と言わず、何らかの利害と利害との激突、妥協の世界とでも申しましょうか。

このようにして、常に経済法則というものを、本来の主体において、私達の生活体系が、そこに形作られております。もちろん経済法則だけでなく、法律上の社会環境的な動きの存在することは言うまでもありません。

本来、人間が社会的環境の制約の上にあるということと、人間は創造性をもっているということ、動物的本能的生活をもっているかと思えば、真・善・美を求める人格体であるということ、民族伝統的な歴史的自然結合によって生じた生命体系、共同社会を根底にもつかと思えば、権利だとか、義務だとか、妥協だとか、時には争いだとかといった、生活体系の利益、欲望の本来の経済法則を建前においた生活体系という、この両者の世界に我々人間はまたがっているのです。

さて、結論は再びここへまた戻ります。しかし話の順序として、このような形態の中から、経済制度として自由主義がそこに生まれました。

自由主義における経済制度

本来、経済制度という言葉と、経済体制という言葉とを混同される場合が多いのです。経済制度という場合には、日本とか中国とかアメリカとかイギリスといったような固有の現実的な経済のあり方ではなくて、そういう固有名詞をすべて抜き去った経済の抽象的体系を、経済の抽象的考え方を「経済制度」と言います。

現実に行われているものは、全部経済体系です、または経済体制です。だから、経済体制または経済体系と言いますと、それは現実に各国に見られる内容であります。

今度はそういう各国に見られるものを抜きにして、抽象化された経済の根底に流れる考え方を「経済制度」と言っております。

まず第一番目に、経済制度としての自由主義がそこに生じました。なぜかと言いますと、社会の中で個人が独自の生活を営む時に、当然そこで生じますことは、個人の権利、またその欲求といったような人間の欲求がそこに生まれ、欲求は権利を主張する結果となりましょう。当然、権利はそこに損得を生ずることも事実であります。

このように、社会の中における個人が、独自の生活を営む限り「個人の権利」のような考え方が生ずるのは当然であります。

これが、私有財産権の確立として動いてきます。何がために私有財産権が確立されたか。私有財産権の確立は、個人格の道徳的責任と自由が明確であるということです。すなわち、私有財産権の確立は、個人格の、個人としての人格の道徳的責任と自由が明確であるということです。つまり、各自各自における道徳主体としての責任と自由が明確であってこそ、価値ある創造を求めることができる。価値のあるものを生み出していくということができる。

価値ある創造が行われてこそ初めて、人間が全精力を傾けるとともに、全責任を取ることとなる。全力投球とともに、全責任を取ることになる。自分のやったことは、自分が後始末をする。自分の行為そのものが、自分の幸福・不幸を決定するという世界においてこそ、初めて自分が己の仕事に対する全力投球と、価値ある創造を行うことが可能である。

こういう立場から、私有財産権の確立が、個人格の道徳的責任と自由を明確にし、価値ある創造と全力投球が出来る。自らがその責任を全うしていくという立場をそこに確保することが出来るわけです。こういうことで、私有財産権の確立が最初の問題として取り上げられてきたのです。

自由主義の甘さ

本来、自由主義は、個人格の自由を求める心境から始まったものでした。自由主義は人格と意思の自由から始まったものです。自由主義そのものが、個人格の自由を求める心境から発生した原理であっても、その自由は往々にして結果としては欲望の体系に落ちることを宿命としております。その自由は欲望の体系に落ちる結果が、そこに生まれるわけです。

もちろん自由の中には、道徳的人格的正義を望めるといったような高度な自由も存在するわけですが、一般にそこに自由が欲求される立場において、欲望の体系へと進まざるを得ないわけです。すなわち、自由の在り方が、人間の文化価値を求める自由であってくれるならばよろしいのです。

道徳的価値を求める自由であってくれれば、毫《ごう》も文句はないのですが、自由は必然的に欲望の自由へと置き換えられていく内容をもっております。強いて申しますと、この欲望の体系は、利己主義へと走る。

しかしながら、自由主義そのものが求めたのは、公共の福祉を無視しても良いと考えたものではありませんでした。本来の自由主義は、利己心の発露がそのまま公共の福祉に合致すると考えたのでした。ここに自由主義のものの考え方の甘さがありました。

しかし、アダム・スミス*によって見られた、お互いがお互いの自由意思に、お互いの欲するところに従って生活をするなら、結果として「公共の福祉」に違反しない行為として、それはまとまっていくべき筋合いのものだと考えたのです。

*アダム・スミス（1723〜1790）
18世紀後半のイギリスの経済学者、思想家。産業革命の進行中の1776年に『諸国民の富』（国富論）を著し、労働が富の源泉であり、自由な経済活動こそが国家の経済を発展させるという、新たな経済理論を打ち出し、資本主義経済を理論づける役割を担った。「古典派経済学の父」と言われる。

自由は、公共の福祉と必然的に一致するという理念の下《もと》にありました。ゆえに利益追求の放任経済が、自動的調和をみる。すなわち、利益追求の自由放任経済が、公共の福祉と合致するという考え方から、そのまま自動的調和をみるとの信念から、自由競争を煽《あお》ったのでした。

自動的調和があると考えたところに、自由競争を煽ることにやぶさかではなかったのでした。

このような信念から、自由競争と自由価格をもった市場機構が、自動調節をするといったような信頼により、国家の経済のあらゆる干渉を否定する結果となりました。

自由放任の経済のままで、自動調節が可能だから国権の干渉は要らないものだという立場が、そこに考えられました。自由主義の根拠は、自由主義のままで、公共の福祉と合致し得ると考えたところから、自由主義の哲学が動いているわけです。

自由放任の経済は、そのまま市場における自由的調節作用が行われるのだから、国家がその干渉をする必要がない。国家の干渉は取り除いて、神の「見えない摂理の手」によって各々が利益追求のままに、欲望の体系を走らせながら、そのままで自動的調和、自動的調節ということが行われると考えたところに自由主義が始まりました。

自由主義の求めたもの

しかし、ここで考えなければならないことは、自由主義は公共の福祉と合致するという善意から出発したわけですので、この自由は決して無秩序を求めたわけではありませんでした。

自由のままでも秩序が成り立つと考えたのですから、自由は決して無政府、無秩序を求めたわけではなかったのです。自由のままで秩序ある世界がくると考えたところに、自由主義の出発点があったのでした。

すなわち、個人の利益は社会の利益と自然に調整されていくとむしろ考えたのです。だから、国家の拘束だとか強制というものを要らないとしたことは、放っておいてもまとまっていくのだから、その調節も要らないと考えたのです。

裏返せば、自由は決して無政府、無秩序を求めたのではなく、自由は、実は秩序ある世界を求めていたということを、我々は忘れてならないのです。

ですから、国家の単なる干渉、国家の権力における干渉、すなわち他人による強制を防止し、出来得るなれば、強制全体を最小限に留めておきたいと考えたのでした。

では、全く自由のままでよいのか。実はそうではなかったのです。

自由経済は、政治的な民主主義を守りさえすれば秩序ある社会が到来すると考えたわけでした。だから、自由主義者といえども、無政府無秩序を求めたのではなく、政治的民主主義を守りさえすればよいと考えたわけです。

では、政治的民主主義とは何か。

他人による支配に非ず、自治によるべきものであるということです。他人による支配の否定、それは自治の世界に求めたものです。だから、自由主義の求めたものは、あくまで政治的民主主義、自治の世界において一つの動きを求めたものです。

自由主義は、当然、言論思想の自由によって、初めてお互いの話し合いにこそ真理が求められると考えたのです。わかりやすく言いますと、自由経済は秩序と違反せず、ただ自由経済もお互いが政治的民主主義を守りさえすれば、秩序と違反しない。

しからば、何ゆえ政治的民主主義を求めたのか。

政治的民主主義、言論思想の自由こそ、真理が求められ、正義が求められる。こう考えたのでした。

この辺のところが、自由主義者に対する考え方が非常に誤解を招いているわけです。

果たして結果は、どうであったか。

結果は、さにあらず。政治的民主主義が守られる中には、真の真理と正義が求められる結果が生まれず、自由経済は、逆に単なる欲望の体系、利己心の発露としての強善弱悪、弱肉強食が生まれ、ついに貧富の差と階級闘争の対立を激化せしめる結果に終わるわけです。少なくとも自由主義本来の求めたものは、そういう世界ではありませんでした。

そして、こういうような立場、すなわち逆に階級対立が生じ、貧富の差が生じたという立場から、再び「経済の人道化」ということが考えられる結果となりました。

経済的弱肉強食が生じた、すなわち階級の対立を生じ、貧富の差が生じたのでした。そして「経済の人道化」が、そこに求められる結果となりました。

資本主義の長所と短所

　ここで、資本主義の長所と短所を語っておきましょう。

　本来、資本主義は、例えば消費並びに生産手段を含む、相続の自由、消費選択の自由、契約の自由、営利競争の自由、職業選択の自由、結社の自由、つまり利益及び損失の責任が己に帰着するということです。

　これが資本主義の特徴です。当然このような状況から資本主義は、富の生産、交換、分配が独立した民間企業となりました。富の生産、交換、売り買い、並びにその利益の分配の役割を担うということが独立企業をつくりました。

　一方にメーカーあれば、一方に商事会社あり、一方に金融機関ありといったような、全てが独自の経済となりました。生産の組織と管理、必要な生産手段の調達、その配置、所得の分配といったようなことも、企業の直接指導者の私的な創意と計画に一任されました。

　すなわち独立企業は、創意と計画が一任されている。それは管理と言わず、配置と言わず、例えば分配と言わず、生産手段の調達といわず、こういうようなものが一任された企業体が、お互い合い集まっているということです。そしてお互いが市場における自動調節によって、それが運営される。

自由競争ということは、ムチであるとともにブレーキとなりました。自由競争下では、まずい物を作れば倒産しますから、それはムチであるとともに、大いにしっかりした物を作れということであるとともに、それは同時にブレーキである。

資本主義経済は、消費者が主権者であり、競争がムチとなり、利潤が目標となり、そして価格が案内者となる。

こうした形態で資本主義経済は進んできました。すなわち資本主義の長所は、営利活動が独立した単位で組織された企業体であり、自由競争は個人の創意工夫が刺激されて、そこには節約の心遣いも活かされ、生産の技術や組織が高度に合理化され、それも、言わば、自動的に刷新される。時には冒険的な投資も推進される。能率が上がり、生産力が長期間着実に発展する。

こうしたところに、資本主義が世の中の繁栄にプラスしたということは、我々も認めなければなりません。

この状況から、資本主義は、本来経済と組織というものが客観視されるために、自分は「これが良い」と考えても、他の人達がこれを「良い」と思ってくれない限りはどうにもならないのです。結果において、資本主義は世の中が客観化される。人も物件化され、機構化される。人間すら、経済の手段となる。能力があるかないかということは、金儲けが上手であるかどうかという見地からのみ判断される。この利益追求が人間の価値を決める。

資本主義そのものが、世の中の繁栄に寄与したことは事実でした。けれども、結果において、人間のための経済に非ず、人間が経済から使われる、目的と手段が転倒されがちとなりました。人間が貨幣に使われ、非人格的な機械の一端に過ぎないということが生じました。

資本主義の最大の欠点は、利益追求が価値を決めるという人間機械化が生じました。そこに問題がありました。資本主義が、世の中の繁栄に寄与したまでは、長所として認めますが、人間の機械化とともに、利潤と利潤との激突が不正義を生む。人間を経済という立場からのみ、その人間の価値を考える。

こういうところに、社会的不安、不平等を生じ、常に景気変動の中におけるところの社会的不安、同時に不平等を生じた。それゆえに、刺激的な競争や激しい技術的な変化に順応し得ない企業は全部倒産です。

落伍者も容赦なく生じ、利益のためには不正義が横行する。また不労所得もそこに存在せしめる。このような結果が生まれました。

資本主義の修正

こうした状況を、資本主義はどのようにして切り抜けようとしたのでしょうか。

自由主義を、そのまま放任の体制に置いておくことは、決して世の中における秩序を見出すことが出来ないと考えた自由主義における先駆者達は、経済的自由は不平等を生じ、民衆全体の公共の福祉を阻害すると考え、「公共の福祉」のために、国家が干渉するということにしました。公共の福祉の保護者は国家であるとなったのです。

そこで問題になることは、政府の干渉を最小限に止めながら、景気政策を施すということです。出来る限り政府の直接干渉は避けたい。そして、景気と不景気との波を少しでも和らげたい。財政支出、賃金物価政策、すなわち財政問題、物価問題、賃金問題です。これらについて、まず政府は最初に景気政策を行うことになりました。

市場機構をできるだけ活用しながらの計画経済であり、自由主義の上に立ったところの計画経済です。この市場機構をできるだけ活用しながら、計画経済において、まず生産の無駄をなくそうじゃないか。また、租税政策において、所得の再分配を行う。ある人から取り上げて、ない人に撒くといったような租税政策。所得の再分配を行う。

政府は経済情勢の的確な見通しの公表、職業紹介・社会保障・特別融資・補助金交付、このような経済政策、社会政策をする。社会保障制度の確立の上に立って、幾多の経済政策を行うことが必要になりました。

本来、社会保障という言葉は、これは社会政策の上にあるものです。失業保険をどうするとか、健康保険をどうするなどということは、社会政策の上にあるものです。お金を貸すとか貸さないとかといったことが、実は経済政策と言われます。

　そう説明しますと、この計画経済という表現が奇異に聞えたと思いますが、計画経済と言いますのは、例えば企業のある程度の統廃合を行ってみたり、一方において、法的な規制を行って、無駄な乱立を停止してみたり、時には職業指導だとかを行っていくのが、自由主義における計画経済です。こういう方法により、経済の歪みをなくそうと考えました。

保守的自由と進歩的自由

　次に言っておかなければならないのは「保守的自由」と「進歩的自由」です。同じ「自由」のなかにおいて、保守的な自由と進歩的な自由があります。同じ自由を説く上においても、これを勘違いしてはなりません。

　保守的自由とは、自由競争を尊重して、でき得る限り国家の干渉を避けたいというものです。極端に言えば、経済のことは経済に任せてもらいたい。そこに少々の倒産が出ようとも、要は国家があまり干渉しないようにしてもらいたい。国家内部におけるところの、労働組合がどうだとか、医師会がどうだとか、といった利益集団が時には横暴を極める。この利益集団の横暴にもあまり関与しない。

　全学連*が暴れた場合、全学連を押さえる。押さえなければならないとわかりながらも、国家権力で押さえる事は極力避けたい。こういう考え方が保守的自由です。

＊全学連
全日本学生自治会総連合の略称。各大学の学生自治会の全国的連合組織。昭和23（１９４８）年結成。学問の自由、教育機関の民主化などを唱え、１９５０〜60年代の学生運動の中心となった。

しかし、乱暴を働くものは、国家権力の名によって、それを押さえる。これが進歩的自由です。同じ自由でも、国家の干渉をできる限り避けたいと考える自由。国家を正義の代弁者として、積極的に、一般民衆の自由を発揮させるために、国家が積極的に干渉してもらいたいという国家の干渉を大きく期待するのが、進歩的自由です。

進歩的自由主義者は、人道的に社会的な調整を、国家の行動に期待しているわけです。社会正義の実現を国家の行動に極力期待しているわけです。時には団体利己主義的な行動があります。例えば現在の全学連あたりの動きでも、団体利己主義的な行動があります。このような団体利己主義的な行動を、逆に国家によって擁護してもらいたい。

時には大企業が横暴を極める場合もあります。巨大な労働組合が横暴を極める場合もあります。そういうものはむしろ国家が監視して、全般の自由というものをハッキリ考えてもらいたい。集団暴力は絶対国家の力で排除してもらいたいと考えるのが進歩的自由です。

さて、こうしたことから、我々が考えていかなければならないことは、いかに民主主義といえども、自由を要求する世界といえども、それは正義秩序の実現を目的とした自由の要求であるということです。

国家に調節・依存なき自由は、現行では認められません。国家の任務は正義の実現にあり、階級を超えた共同福祉の基盤を守ることです。自由といえども、正義の実現を無視した自由は許されません。正義の監督者である国家の任務は、階級を超えた基盤体の上に立たねばなりません。問題はこの辺に尽きるのです。

民主主義は多数決にあらず

民主主義は形式上の単なる過半数主義であることを意味しておりません。合理的独裁と官僚主義を生ずるような形式上の過半数主義ではなく、正義と寛容が民衆の良心であるとの根底から始まっているのです。

民衆の良心とは、お互いの望んでいる良心とは、正義と寛容であるということです。それは正義と寛容であることを、我々は認めておかねばならないのです。

形式的過半数主義における単なる民主的自由の政治的運用にあるのではなく、自由主義者といえども正義の実現、国家の任務は階級を超えた基盤体としての正義の実現、民衆の本来の良心は、正義と寛容であるということを忘れるならば、本来の自由主義を語ることはできないわけです。

社会主義

社会主義は、

「個人は社会の部分に過ぎず。個人は全体の中においてのみ独立した道徳的な人格が成就する。個としての独立人格が完成する」

と考えることが本来の建前です。社会主義と言いましても、倫理観から出ているのです。道徳心から出ているのです。

どういう道徳心か。個が個として自律するところに個の完成があるのではなく、社会主義は全体の中でのみの個として初めて独立人格が成就するという倫理観から生じていることを忘れてはなりません。

当然、経済としては、全体に重きを置く立場から集産主義を取ります。資本主義下におけるところの搾取の排除、富の不平等の排除、生活不安、景気変動をなくそうとする資本主義の反体制として生じたものでした。

社会主義は資本主義の反体制という立場において、資本主義において生じた搾取、資本主義において生じた生活の不安、景気変動、これを無くすことが社会主義の運命としての集産主義への道を歩みました。

資本主義の悪の根拠を断ち切ることは、私有財産制の否定をまたねばなりません。資本主義の根拠は、私有財産制にある限り、所有権の確立にある限り、私有財産制並びに所有権の否定の世界においてこそ、社会主義を実現するということができるという立場から、当然それは共有制としての利潤の排除へと進みました。

私有財産制を否定してこそ初めて正義の実現、人間の平等が実現なし得ると考えました。私有財産制の否定こそが、正義の実現が可能と考えました。何がために私有財産制を否定したか。これは正義の実現のためです。

自由主義の結論として求めたものは、正義の実現でした。自由によって、正義の実現が可能だと考えました。同じく社会主義が、私有財産制の否定においてこそ正義の実現が可能と考えたという点からしますと、自由主義と社会主義とは、むしろ同一平面にあると考えねばならないのです。

すなわち、自由なることが正義の実現だと考えた自由主義者と、自由を否定することが正義の実現になると考えた社会主義者がいます。

そうすると、正義の実現が社会主義の目的であり、同時にそれが自由主義の目的であるならば、「社会主義とは、実は民主主義の完成体である」

という意見が出ても、何ら無理がなかったのです。

こう考えたのが、民主社会主義者です。イギリス社会主義の指導者シドニー・ウェッブ*は、「社会主義を民主主義という理想の経済的な側面であると定義し、個人格の自由権と共同社会の総合を目指し、民主主義の実現体こそが社会主義なのだ」と考えました。民主主義の目標を果たすことが、実は社会主義なのだと考える意見が出ることも決して無理のないところです。民主主義の実現である限り、この実現の手段も民主的手段としての改良主義をとることは言うまでもありません。

*シドニー・ウェッブ（1859～1947）
イギリスの社会運動家・貴族。後の労働党へと繋がるフェビアン協会の中心人物で、イギリスの政治思想風土のもとで漸進的な社会改革を主張した。

ここにおいて社会主義者の考え方が、今度は、フランス革命におけるスローガンであった自由・平等・友愛を果たすことが、社会主義の目的なのだとなってくる。こうなると、民主主義の目的と社会主義の目的が次第に接近をしてくる。

しかし、自由・平等・友愛を求めるにしても、自由はこれを束縛する自由であってはならない。平等は相違を否定し、差異を否定した平等であってはならない。また友愛は力における団結の友愛であってはならない。力における強要の友愛であってはならない。よその団体を力で圧する友愛であってはならない。この動きがそこに行われてきたのです。

ゾンバルトの社会主義の定義

そこで私は、ここで社会主義の定義の難しさを承知の上で、社会主義の定義をゾンバルト*の定義によりたいと考えます。彼は、社会主義の定義を見事に言い表しています。

*ゾンバルト（ヴェルナー・ゾンバルト　1863～1941）
ドイツの歴史学派の経済学者・社会学者。ドイツ的社会主義を提唱し、反ユダヤ主義的な論述を行った。

第一は「社会進歩主義」です。一体、社会進歩とは何か。それは政治的民主主義の徹底・人権の保障・社会保障の確立です。政治的民主主義の徹底とは何か。それは人権保障です。だから、人権保障としての社会保障となります。

第二は「社会規範主義」です。では一体社会規範主義とは何か。個人の経済活動を社会福祉の目的より生活を規制するということです。経済活動を社会福祉より考える。公共の福祉と考えていただいたら結構です。社会福祉より生活を規制するということです。

第三は「社会秩序主義」です。すなわち社会秩序の点において、ここに忽然《こつぜん》として生産手段の共有を説いているのです。

ゾンバルトはこういうような意見を説いています。すなわち社会主義というのは、一つは、社会進歩主義だ。人権保障としての社会保障だと言っている。第二は、社会規範主義。自由経済が公共の福祉に違反するものなれば、それを計画的に規制することだと言います。三番目は社会秩序主義。それは生産手段の共有にあるのだと言います。

さあ、これからが面白い。では、この三つが果たせなかったら、どれをとるかとなってくる。この三つが果たせなかったら、どれをとるか。ここに今後の社会主義論争があるわけです。

逆に、社会秩序主義の生産手段の共有が、政治的民主主義の徹底と相反したらどういうふうになるのか、どっちをとるのだ。ここに今後の社会主義の問題は出て来るわけです。

集産主義

次は集産主義です。まず自由主義を説明して資本主義を説明し、社会主義を説明したので、今度は集産主義を説明しなければなりません。

思想としての自由主義から、経済としての資本主義を説明しました。思想としての社会主義から、今度は経済としての集産主義を説明しなければ意味が成り立ちません。経済としての集産主義は、どういう特徴をもっているか。

まず、法律的社会的基礎は、公共的な独占と共同責任性にあるということです。すなわち集産主義は、公共的な独占と共同責任性にあるということです。一言で言ったら、産業の国有国営化ということです。

国が経営するのですから公共的な独占、共同責任性です。国有国営化です。法律的にも、社会的基礎たるべきものは、公共的な独占と共同責任性にある。

本来、計画経済も生産手段の私有とは両立せず、実質的行動のできる独立資産、経済単位としての企業は認められません。

社会化された生産は、利益損失とともに共同体の責任となります。民間企業なら自分で責任を取りますが、産業の国有国営化とは、当然、これは中央計画機関が企業家となり、完全に統一的包括的な計画によって、行政官僚が適切に経営を営み、実際の生産と配給を日々完結する。すなわち、集産主義自体は、中央集権的な独裁政治が行われるわけです。独裁的管理計画がそこに行われてくるのです。

生産手段は、利潤と価格の高さに従わず、計画に基づいて各種生産部門は配置される。各個人に職業選択の自由はなく、実質は労働の場所と時間が指定され、土地の利用も中央が決定する。消費財、生産財の生産種類分量とともに、生産手段配置組み合わせとともに、辞令、公用辞令、技術についても指示が行われ、実際の産業の国営国有化が国家責任において行われる。

個人企業の創意と工夫といったような個人責任が全くそこに無視される結果が、集産主義経済の実態です。

物の値段についても、その値段というのは、配給上の値段であって、自由経済における自由価格の値段ではありません。

価格は、実は計画経済を立てる前に、一定の統計市場によって決められることは事実ではありましょう。しかし、そこに問題になるのは、価格や売れ行きというものが、合理化を招く原因となりません。

良いものを作ったら、良く売れるわけではありませんから、売れ行きが合理化を招く原因とはなりません。配給なのですから、良い物を作るということの必要性がそこにないわけです。

一般的に言うと、国が唯一の供給手段です。国が、唯一の供給手段となり、そこには一点の競争相手もないわけです。

社会の必要資金は、天引き貯金の方法によって、強制的に政府にとられます。行政処理費という名目で天引きされます。それを国が勝手に使うわけです。

もちろん、それは労働意欲を刺激する必要上から、公然として賃金に格差が認められたり、本来あり得ないはずだが、経済政策の都合上、地代だとか利益というようなことが、そこに考えられていることが、ソビエト経済の実態であるわけです。あり得ないことが行われているわけです。

時には行政処理費という税金体制は、売上税*の形で、消費財を売買する時に、売り渡す時に、価格に割り増しをつけて天引きし、先に価格にそれだけ税金がついているわけですね。行政処理費というのは価格に税金がついているわけですから、皆に渡したものを税金でとるのではなくて、価格そのものに税金がついている。だから売上税的な形で税金をとっているわけです。

＊売上税
特定の商品やサービスの売上に対して課税される間接税のひとつ。

集産主義の失敗

さて、この集産主義の長所と短所は何でしょうか。集産主義の追求する目的は、貧の排除にあります。また、分配の平等化、所得の再分配です。同時にそれは共同欲望の充足にある。が、共同欲望の充足を認めません。例えば軍備ということは出てきません。こういうことが集産主義本来の目的でありました。

もちろん、忘れてならないことは、社会不安の排除ということも入っています。景気変動における失業、こうした社会不安の排除ということも入っていることも事実です。

ところが結果は、一体どうであったでしょうか。天引き的な行政的な税金主義におけるところの集産主義は、重点的な配分と言えばそれまでですが、結果は、重工業だとか軍事工場を重点的に配分し、貧よりの解放をなくすという目的には違いないにも関わらず、結果的に貧よりの解放が実現しなかった。

しかし、後進国が、早く先進国に追いついていくためには、このような集産主義に一種の魅力を感じることも、我々は忘れてはなりません。

集産主義そのものが、これらを目的として動いたものであって、結果はこの経済資源というもののの合理的な配分や生産物の配給の必要から、価格と価格計算を採用しております。もちろん、この価格計算も自由な価格ではありませんから、精妙なる価格経済としての作用を期待することはできません。

このようにして集産主義は、資本主義の無駄をなくし、資本主義の貧富の差をなくし、資本主義の分配の不公平さをなくし、共同欲望の充足、一言に尽きるところの正義の実現ということを目標にしておりながら、結果はどうであったろうか。

事実は、この集産主義の下において、実にデタラメな不経済な経済となったのです。何となれば、集産主義は官僚的になる。官僚そのものが経済の実態を知らず、当然そこには、実に不経済極まりない無駄が逆に生じたのでした。

無駄を排除するために生まれた集産主義が、最大の無駄の原因をそこに作ることとなりました。経済資源の配分なども実にデタラメ千万な不経済のものとなりました。

今日、この複雑な構造をもちながら、変化してやまない経済運営は、やっぱり自由価格制度以外に、適当な方法のないことを我々も認識しておかなければなりません。自由価格制度でない限り、この複雑なる経済構造を円満に運用することは、どうも難しいのです。

また職業選択、並びに労働の自由も制限しております。営利的動機と競争の機会をなくしている関係から、その結果、上級官僚が人間を機械的に扱うといったような状態が増し、経済全体を強制的に管理していかねばなりませんので、逆に生産能力が低下し、技術の刷新の困難、原料資材だとか労働力の浪費が負担となりました。

ですから計画経済の方が、逆に〝不経済経済〟になった。不経済なる経済と化していったのです。ことにいけないのは、完全雇用が実現し、逆に不能率の原因となりました。この結果にびっくりしたソビエトは、この非能率に驚き、不経済に驚いて、慌てて独立採算制だとか、出来高賃金制だとか、単一収納制だとかといったような、およそ社会主義的ではない制度を取り入れなければなりませんでした。

しかし、ついに成功せず、やはり能率を良くするためには、利潤経済を採用するにしかずという立場で、リーベルマン*の論文によって、ソビエトはついに自由経済を採用して社会主義から逆に大きく自由主義への転換を余儀なくさせられました。

*リーベルマン（エフセイ・リーベルマン　1897〜1981）
ソ連の経済学者。ハリスコフ大学教授。社会主義企業においても企業効率の評

価には利潤が不可欠であると主張し、それに基づいてボーナス制度の導入を提案し「リーベルマン方式（利潤動機方式）」と呼ばれた。

地下にもぐった恐慌

共産主義には、経済恐慌や失業はないと言います。しかし、大企業と社会主義とを比較すると面白いのです。

なぜかと言いますと、引き合わない生産でも計画が変更されない限り続けられるのが社会主義ならびに大企業の実態です。

中小企業なら引き合わないから「切捨て御免」にするような問題が、計画変更のない限り続けるというような立場から、恐慌があっても失敗があっても、外見上表面に出ないというだけであって、形を変えた恐慌が、形を変えた不況が生じているのです。

何と皮肉にも、この生産設備間の不均衡、一方の生産設備ばかり使って、一方はやらないというう生産設備間の不均衡など、色々なことがそこに生じて来るわけです。例えば生産財ばかり作って、消費財をちっとも作らないとかいったことが、今度は逆に生じて来るのですね。生産設備間の不均衡です。

その次には、補完材生産の不均衡があります。ただ材料を作ってみても補完材を作りませんと、実は製品になりません。補完材生産がうまくいかない限りは、部品が出来ても製品になりません。

このように物の分量が必要な時に供給されないということが生じます。

配給の不円滑化

さらに今度は、配給の不円滑化です。だから中共（中国共産党）においては餓死者が出る。こういうことが生じたのです。

そして、ついには量を期待して質を無視した。計画性は量を期待して質を無視した。こういう宿命的な悩みがあります。すでにソビエトは粗悪品の山となりました。物は作っても製品になりません。物は作っても使い物にならない。こういうような、かえって非常に不合理なものが生じました。

失業は一見回避しているはずです。ところが逆にソビエトにおいては労働力が不足なのです。これはどういうことなのでしょうか。ハッキリ言うならば、能力が足りない。

だから、やたらに人海戦術をする。能力が足らないからです。だからどうでしょう。企業として採算が合わなくてもいいから、命令されたことをやっておればいいから、その企業として採算を合わせる必要がなかったら、労働力の無駄使いは、当然じゃないでしょうか。

また軍事部門の優先膨張です。国民から税金を取り上げて、軍事部門辺りに優先的にする。片方においては非能率、片方においては計画性の上に立ちながら、それがチグハグになって、一向に国民の生活は幸せになってこなかったのです。

こうなってくると、緩慢なるインフレがそこに押し寄せてくることも忘れてはなりません。集産主義が資本主義より優れているとは言えないのが現状です。

一国の経済が、量から質に移る時には、今度は質を要求される文化社会を作るには、ますます経済機構は複雑となります。この質を要求する経済は複雑となります。経済が複雑になってきますと、集産主義的計画経済では、集産主義の欠点のみが大きくなり、それが表に出てきます。

なぜ社会主義は間違えたのか

どうして社会主義はこのような結果を招いたのか。社会主義は資本主義に代わって、それ以上のものではなかったのか。ここに大きな問題があるわけです。

これは一言に尽きます。唯物弁証法の間違いから生じたのです。否定に徹する、要は今までのものが間違っているのだという否定に徹する。建設の哲学をもたないところから生じたものでした。唯物弁証法は否定に徹し、建設の哲学をもたない、今までの反対を行ったわけでした。

マルクス主義者の哲学は、否定の弁証法であり、闘争第一主義となります。建設の哲学をもたないことをもって、否定に徹することをもって科学的なりと誇りました。未来に対する適正的な計画性をもたないことが科学的だと誇った。こういうところに問題があったのです。

要は今までの反対に徹することだというのですから、人民民主主義は、当然独裁となり、自由は当然統制となり、平等は当然逆に不平等になり、友愛が当然迫害になります。また平和主義が闘争主義になります。

全て反対の立場に置き換えることをもって、彼らがそれを哲学として考えたところに問題がありました。

経済がうまくいくとかいかないことより、社会主義思想の欠点が、経済をしてまで全ての反対をそこに要求される。これは社会主義思想の間違いであったということを申し上げておかなければなりません。

経済原理よりも思想上の原理、一段深い社会主義の間違いから、全ての哲学の間違いから、すなわち経済を全て反対にすることをもって本命としたところに誤りがあるのです。

もう一つは、共産主義とは、国家を階級支配の手段と考え、生産手段の私有さえなくなれば、平和が来ると考えました。

第二番目は、生産手段の共有制を保つとなれば、この生産手段を共有にさえすれば、全てが解決すると考えました。ここにおいて平和が来たれば、全ての貧がなくなると考えました。しかし実際には、ソビエトは超警察国家として専制支配をとることとなり、生産手段の共有は、超警察国家を生み出す結果となりました。

三番目に、プロレタリアこそが、歴史的使命を帯びているという、次の社会を築く歴史的使命をもっている者がプロレタリアであるという立場から、結果、他の階級抹殺の闘争主義とならざるを得ませんでした。プロレタリア以外の階級は、滅ぼさねばならないという立場から、全ては闘争主義に駆られ、他の階級に対する不信憎悪を持ち、行動に表わし、階級の団結力は、闘争における団結となりました。

次に考えなければならないことは、共産国家は軍事国家となり、生産第一主義にあらず、軍備第一主義への道へと歩みました。

彼らはこう言いました。

「能力に応じて働き、必要に応じて分配する」

これを共産主義だと思っています。しかし考えて下さい、

「能力に応じて働き、必要に応じて分配する」

ということは、果たして経済だけでできることでしょうか。

例えば、家庭のような、血の繋がりでもありましたら、能力に応じて、長男が次男が三男が働いて、ともにその必要に応じて、長男、次男、三男が一家族の経済として、必要に応じて分配するということは、家族社会においてはあり得ることではありましょう。

しかし、唯物論の立場の上に立った単なる経済法則の上に立って、

「能力に応じて働き、必要に応じて分配」

ということが果たして許されましょうか。

単なるそれは経済体制の中だけでは成り立たず、社会的基盤がなくては、この目的が達成される道理はありません。単なる徹底した唯物論の世界から生まれるものではありません。

資本主義と集産主義の変革

次の話題は、現実の資本主義と集産主義との変革です。資本主義と集産主義とは、このような状況から次第に変革せずにいられない状況におかれました。

まずこれを「必要」の点において説明します。

一体、世の中において、資本主義だから絶対に集産主義的なものはとり入れない。

「うちは集産主義だから絶対に資本主義的なものは取り入れない」

「うちは自由主義だから社会主義を取り入れない」

「社会主義だから自由主義を取り入れない」

ということが、世界各国の現実において果たして可能なのでしょうか。

現実の経済体制はそれを経済制度の一定の型と合致しないのみならず、その時その時の状態において、その解決策は異なっているということです。

率直に言いますなら、個人欲望を充足することが大きければ、当然資本主義に接近します。共同欲望を充足する面が大きければ、当然それは集産主義の国家方式に傾きましょう。

現実的に言って、自由主義だから社会主義を採用せず、社会主義だから自由主義を採用せずといったことは、実はおかしいのです。そういうことは、本来において成り立たないのです。

一例を挙げます。

例えば、資本主義の国であり、自由主義の国でありましても、戦時中の日本のように主食とか衣料等の消費財が不足すれば、当然定量配給制をとって、均等に分けた時代もありました。

鉄鋼、石炭等の重要生産材が、まず国家として必要となれば、経済計画、例えば貿易体制等において、その順位制、重点配給方式によって、当然、一種の集産主義的体制に片寄った制度を採用します。時には、原料が根本的に不足しているために、輸入に依存しなければならないとなれば、当然輸入依存の世界において、完全なる計画制をとることがあり得ます。

さすれば、物資が豊かであっても、交通量も含んだところの物資の組み合わせが困難であれば、物資の組み合わせの都合上から言って、当然それは計画制がもつのは当然でありましょう。

このように考えてきますと、一方に計画経済をとり、社会主義経済体制をとり、一方において自由経済体制をとると言いながら、その国情国情の立場において、その時々の立場において、半ばの混合をしなければならないのが、今日世界におけるところの現実であります。

ことに、国民の貯蓄心が旺盛であれば文句はありません。明治維新の日本のように、倹約思想、貯蓄思想が旺盛であれば、あえて皆が団結して貯蓄をしてくれたらよろしいけれども、貯蓄心のない国においては、当然集団的天引き制度をとらずしてはやっていけないでしょう。

このような立場から考えると、この国がどちらの体制をとるかということは、国民の自由の精神、教養の度合い、貧富の指標・責任感・義務感・奉仕の精神・全体感情等の心理的、倫理的条件によって、果たしてどちらをとるかということが、その経済体制の現実だということがわかります。

そう考えると、その国の社会的基盤が、どのような経済体制を作るべきかと考えねばならない根拠がこの時点においても生まれてくるわけです。

その国のその時々の実情において、自由経済をとるか、共同経済をとるか、それとも適当なる組み合わせをとるかというような内容のものであって、二者択一の問題として扱うわけにはいきません。

変化する資本主義社会

今日、資本主義体制を大きく方向転換をしなければならない状態に置かれています。

まず第一番に、労働組合の団結の強化、賃金を物価の変動にかかわらず上昇せしめていくという、この動きはついに国民所得の六割を占める、消費需要の六割を占めるところの財政に、労賃の体制が動いてきました。

物価の変動と関係なく、着実に賃金を押し上げていこうというところの動きを生じ、資本主義は好むと好まざるとにかかわらず、この労働組合の団結によって、ある程度の変貌を余儀なくさせられました。

一方において、強善弱悪が道徳的信念から相反するという立場において、社会保障制度の拡充、政府財政資金によって景気変動を、景気調整をそこで行うという体制をとらざるを得なかったということは、先ほどの論理においても説明しました。

時には租税政策・財政政策・金融政策などにおいて、景気変動の調節を行っていくということも資本主義は余儀なくさせられました。

時には所得の再分配としての租税政策が、相続税、例えば贈与税、消費税等といったような問題を含めて、こういうような租税対策等における所得の再分配ということも、社会保障制度の確立とともに、所得の再分配が行われてきました。

結果においては、マルクスの言ったような、二つの階級に世界が分かれるのではなく、ブルジョア階級とプロレタリアート階級に分かれるというのではなく、かえって中産階級が増大しました。

大企業においても、大株主というものを見出すことができず、結果において、その八～九割までが民衆資本、大衆資本の立場によって、処理が行われるという状態になりました。

あえて言いますと、資本家なるがゆえに、経営が可能であるのではなく、経営手腕のあることによって、その経営が可能であるといったような立場に大きく方向転換をすることになりました。

一方において今度は、集団的力が高まり、労働組合があるかと思えば、一方に農業組合があり、一方において医師会、弁護士会といったような職能団体があり、一種の権力がそこに作られ、今日においては、集団的利己主義的行動が、幅を利かせるようになりました。

単なる弱き個人としての消費経済から、利己的集団としての消費経済へと動いてきました。このような状況から、好むと好まざるとにかかわらず、資本主義体制が大きく方向転換をせしめられました。

一方において、独占資本と言われた時代と異なり、今日は完全に寡占《かせん》資本の時代へと移りました。交通機関の発達、市場の拡大とともに、少数の企業において十分にあらゆる業種をまたがって行くことが、可能の段階が参りました。

寡占資本は純然たる競争でもなく、純然たる独占でもない状態が生まれました。寡占資本は競争能力を有しながら、生産拡大に伴うところの不安定性はありますが、常に寡占資本同士におけるところの競争が行われる状態になってきました。

このような状況から、資本主義が当然に変貌を遂げなければならない状況が生まれてきました。

二つの主義の接近

さて、こうなると、資本主義は、マルクスの言った絶対的な困窮化は来たらず、大衆の生活は逆に向上し、所得の再分配もそこに行われました。

しかし、私は世の中において、今日の再分配がこれで完成しているとは考えておりません。国の全所得の半分が、人口一割ほどの人に集約され、後の半分は九割の人において分配されているのが、今日の現状でありますから、果たしてこれはどうすべきものか。

このように資本主義が大きく変貌を遂げました。

同時にまた、社会主義の課題も変わってきました。生産手段の国有国営化は、社会主義としては意味をもたなくなりました。逆に高度資本主義においても、それは可能だということになりました。

なぜ、産業の国有国営化を行うのか。生産の国有国営化を行うのか。これが能率良く経済成長を行うことも確かに一つの目的でありました。

計画経済の方が、資本主義のような無駄を無くして、経済成長が行われるという立場から、生産の国有国営化が考えられたわけでした。しかし、結果はどうでありましょうか。

むしろ逆に社会主義的計画経済の方が、生産性が成長せずに、高度資本主義の方が、経済が逆に成長したということになると、果たしてどうでありましょうか。実は資本主義においても、社会的な不安、平等化は、経済政策によっても十分にそれは可能となりました。わかりやすく言いますと、自由主義の上においても計画が可能となりました。

すなわち、今日では自由経済の立場から、そのままでありながら、国際収支の均衡と適正なる経済成長の確保は、十分に自由主義の計画化において可能となりました。また、民主主義を原理としてでも、経済成長を行えるとなれば、富の再分配も行われるということを生じました。

しからば、社会主義は何を目標とすべきなのでしょうか。

社会主義は、ついに社会保障をそこに目標としなければならなくなりました。産業の国有国営化が社会主義ではなく、社会主義は社会保障を目標とすべきものと変わらざるを得ませんでした。

また同時に、社会主義は、人間として同じく生まれながら、機会均等を与えるものでなければなりませんでした。社会主義の理想とした集産主義は、経済の成長を目標としたものでありましたが、ソ連のごとく個人的な自由や人権の無視を行って、経済が成長して何になるのだろうか。

こういうような反省が生まれてきました。果たしてそれが社会主義本来の立場であるのだろうか。個人的自由や人権の無視を行って、経済が成長しても、それはむしろ無意味ではなかろうか。ついに計画強制と自由放任の中間を進むべくし、これに進むべきではなかろうか。この中間に位すべきものが、管理経済です。

いささか急行列車でしたが、私は、このようにして資本主義ならびに集産主義の長所と短所とをともに取り上げてまいりました。

一体、健全なる社会とは、何でしょうか。健全なる社会とは、何を意味するのでしょうか。我々はここで考えねばならない段階がやってまいりました。

健全なる社会とは何であるか。果たして単なる富裕なる社会だろうか。

もちろん、物資の富裕であることは望みたい。経済活動の能率と物質の富裕であることは望みたい。

また、富裕であるとともに、経済の安定を望みたい。自由であるとともに、経済の安定を望みたい。けれど、それだけで良いのだろうか。

実は、各自の能力や素質を全面的に伸ばす機会が欲しい。各自の能力や、各自の素質を全面的に伸ばして、希望をもって建設的な仕事に従事したい。同時にそれが、同胞の幸福を求めるものでありたい。

すなわち、国家の繁栄と個人格の関係こそ健全社会である。これこそが、実は望みたいのです。

第三の文化

これから「第三の文化」に話を進めます。

今日まで自由主義が求めてやまず、また社会主義が求めてやまずして歩んできた道は、ともに健全なる社会を求めたものです。そこに自由主義は、社会主義であることによって、自由主義の本領が発揮される。社会主義は自由主義であることによって、社会主義の本命がそこに果たされる。

一言に尽きる。それは「正義と自由」です。資本主義も集産主義も両者の間違いは、人間らしさの疎外にあります。人間の人格疎外にあるわけです。人間の機械化にありました。どうして、自由主義が社会主義であることをもって、自由主義が成り立つのでしょうか。なぜ、自由主義が社会主義へ移行しなければならなかったのか。なぜ、社会主義が自由主義へ移行しなければならなかったのか。

実は、両者が間違っていたのではなかったのでした。移行すべき必然をもっていたということは、この正義と自由、自由主義と社会主義とはともに、生命結合の一面を占めたに過ぎなかったからです。

我々の生命は、そこに正義を求めるとともに、自由を求めている。

我々の生命は、正義と自由とが即応している。

この生命結合の一面観が、正義として表れ、時には自由を無視し、その一面観は自由として表れているところに正義を無視しました。すなわち、自由は正義の裏づけがあってこそ、自由の妙技を発揮し、正義は自由の裏づけあってこそ、初めて生命力を、創意工夫、活躍の社会を生み出す。ともに、生命結合の一面観に過ぎなかったのです。

人間を忘れ、経済としての人間と、政治としての人間を考えたわけなのです。経済的人間と政治的人間とを考え出さねばならなかった。そして、根本の人間の結合を忘れたからです。

基礎を知らなかった。基礎を求めなかった。基礎を忘れて、政治の中にある政治的人間を人間だと思い、経済的人間を人間だと思い、人間の人間たる理由がなかった。すなわち私のいう生命体系を知らずして、生活体系のみに走ったからだと言えます。

そこに政治的人間は、経済の不平等を生じ、政治的自由は、経済的不平等を生じ、経済的平等が、政治的不自由を生ずるのは当然です。

それは人間の結合を知らずして経済のみを基準においた結果でした。しかしながら、ともに人間社会である限り、政治的自由のみをもっては満足がいかず、経済的平等だけをもっては満足がいかないのです。

そこに経済的平等からは、逆に政治的自由を要求され、政治的自由の方からは、逆に経済的平等が要求される。自由主義は社会主義を、社会主義は自由主義を求めたということは、ともに人間の、単なる一面化に過ぎなかったのです。人間の人間たる結合をそこに無視したからでした。

我々は、再び、経済的人間、政治的人間を結び、人間の人間たる生命結合のあり方、人間の自然的結合のあり方に眼を向けてみたいと考えたのが、私の学説の根拠であります。

すなわち、それは生命の結合であります。命あるものの結合であります。命あるものの結合の世界の中に、実は自由と平等、政治的自由と経済的平等が、まどかにそこに含まれている。

何となれば、それは生命の一元化でした。私は「物心一如」とは言わなかった。私は「物心未分」を説いてきました。

物と心を二つに分けて、自由と平等を二つに分けて、それを一つにまとめるのではなく、物心は未だ分かれざるの世界、一元生命であると考えました。この生命の結合のあり方はどこにあるか。生命結合のあり方は、どこにあるか。

私は幾度《いくたび》か、この説明をしてきましたので、あえてこの説明をとやかく言おうとは考えておりません。

ただ、ここで言えますことは、この東洋的なる生命結合の体系に還ります時に、今日の自由主義と社会主義とが求めてやまなかった。集産主義もついに曲がり角を曲がり、資本主義もついになぜ曲がり角を曲がらなければならなかったかということは、人間の反面観を前提としたところにある。

我々は人間の全面的把握、その生命体としての結合のあり方に、一つ目覚めてみようではないか。ここへ我々の第三の文化の狙いがあったわけです。

生命体系は、常に体系化への道を考えております。生命結合とは何か。命あるものの結合とは一体何か。より良く生きんとし、より繁栄を求めんとする生命躍動は、体系化へと進みます。

王道と皇道

ここで王道と皇道の相違を説明しておきましょう。

生命結合体系化という立場から、王道と皇道の説明をするわけですが、その前に言いたいことは、一体「正義」と「自由」とをどうするのか。我々はこれを、正義を民族歴史に一貫した統貫史的法、すなわち統貫史的規範、建国の理想を正義だと考えております。

もちろん建国の理想は、一方において具体化され、聖徳太子の「十七条憲法」として表れました。また、明治時代には「五箇条之御誓文」としても表しました。また歴代天皇におけるところの「勅語」として表しました。

このような建国の理想を我々は正義として考える。すなわち、正義実現の民主主義、正義に合致する民主主義を我々は期待する。

今日の民主主義の欠点は、その民主主義の根底に正義がないからです。共通の基盤がないからです。民族的正義をとろうとして、民族的正義の実現のためのお互いの意見の吐き合う世界であるならば、民主主義はともにそこに納得し、一つとなり得て、愚衆政治から脱却することが可能です。

　すなわち、統貫史的法を正義とし、建国の理想を正義とするところの民主主義の実現を行っていきたいというのが私の考え方です。さて、しからば一体、建国の理想とは何かということを、今度は王道と皇道の立場において説明いたします。

　中国におけるところの王道とは何か。

　まず第一番は「即天《そくてん》」であります。天に即するということです。また同時に、それは人の世界におけるところの親に対する孝、親が子に対する慈、「即天」「孝慈《こうじ》」「克己《こっき》」と、己を振り返ることをもって王道と言っております。

　これに対し、皇道は、「積慶《せっけい》」「重暉《ちょうき》」「養正《ようせい》」として説明をいたします。

「慶《よろこ》びを積《つ》み、暉《ひかり》を重《かさ》ね、正しき道《みち》を養《やしな》わんがために」

といつも申します。

「積慶」とは、生活の保証であります。

「重暉」とは、人としての精神文化の豊かさであります。

「養正」とは、正義秩序の一貫であります。

　秩序、精神文化、生活保障の上に立ったものを「皇道」と言います。逆に王道と何ら変わったものではありません。しかし、よりこの方が具体的であり説得力があります。

さて、同じくこの王道を説明するに対して、王道は四つのものによって説明されております。その王道の四つとは何か。その第一は「徳治《とくじ》」であります。徳をもって治める。

その次は「礼楽《れいらく》」であります。

その次は「祭祀《さいし》」であります。

その次に出てきますことは「名分《めいぶん》」であります。

今日までの中国の王道政治として説かれている内容は、実はこの四つに尽きているのです。別に、王道と皇道とは違ったものではありません。東洋の思想は、所詮は違ったものではありません。諸説の根拠はこういうことです。

残念ながら、「孝」が「孝」として成り立たなかったことは、一方は「大孝」をもって「忠」としました。

皇道は「大孝」をもって「忠」と化した。すなわち、子が親に即することをもって「徳」としたことは間違いではないが、残念ながらそれは民族の血統の体系にまで来なかった。

民族血統の体系にまで来なかったということは、中国では残念ながら、血統本流がなかったからです。一大家族社会でなかったからであります。

民族としての共同運命の自覚というところには所詮こなかった。

徳治主義は間違っておりませんが、徳治主義は理念であって、これが理想現実としての社会規範にならなかったことは、家族社会としての血統本流をもたなかった。大孝を規範となすことが出来なかった。すなわち、「孝」のみあって「天」がなかったから、王道はこの理想を実現するにいたらなかったのです。

礼楽思想

さて、一方におけるところの礼楽《れいらく》思想であります。

礼楽の礼とは、礼節です。節度です。ところを得しめることです。楽とは、和楽です。すなわち礼楽の意味とは、節度を守った和合の世界であります。

また同時に祭祀として、祭りがここに行われたが、その祭りそのものを、祖道として求めながら、残念ながら、先輩の道でありました。

王道として礼楽の道が求められた。礼節《れいせつ》、和楽《わらく》、節度《せつど》を保ちながら、和合の世界が求められたということは、王道《おうどう》の華《はな》でありました。

どうして、この王道が実現しなかったのか。

ここです。礼節和楽というものを求めながら、どうしてこれが王道楽土を説いた中国が、歴史の上において一度も礼楽の世が来なかったのか。求めながら、なぜ来なかったのか。

一言に尽きることは、社会的基盤をもたなかったからです。国体《くにがら》をもたなかったからです。血縁的社会をもたなかったからです。

そこに共同運命の自覚ということが根底になくて、どうして礼節和楽の世界が求められましょうか。各々《おのおの》が節度を保ちながら、和合の世界を求めることは、所詮は出来なかった。

さて、どうして祭を褒賞し、そこには関羽あり張飛あり、時には荘子あり、時には孔子あり、また、老子あり、このような先達を崇めたが、残念ながらそこに原始共同祖先をもたなかった。

社会的基盤としての民族規範を持たなかった。

民族が長年の間に、「かくすべし」というものをもたず、『四書五経』等に見られるところの優秀なる人の道はそこにあった。人の教えはあったが、民族の社会的規範より生じたところの民族規範をそこにもたなかった。

なぜか。

それは原始共同祖先をもたなかったからでした。天照大神様をもたなかったからでした。

すなわち、祭がそこに強調されても、実は祭りの根底には道があったが、その道は実は天才の道であり、達人聖者の道であって、血の中から湧き出した民族の道ではなかった。

なぜ、民族の道ではなかったか。原始共同祖先をもたなかったからでした。

時処位

さて、一方において「名分《めいぶん》」を説いた。分相応を説いた。すなわち、時処に位することを説いた。時と処と位。時処位《じしょい》に即することを説いた。

しかしながら、ここで我々が考えねばならないことは、たとえ民主主義といえども、中心人格をもたずしては、これを行うことが出来ないからです。

時処に位し、各々がその分相応の名分を自覚し、お互いがお互いの意見を吐き合うという立場をとりましても、常にこの体系化には、各々が処を得しめる体系化には、時処位に即する体系化には、どうしてもそこに中心人格が必要であります。

曰く、天皇をもたなかったところにある。中心人格あってこそ、民主主義は民主主義として成り立つのです。

体系化、時処位に即することがないと、分相応がそこに成り立たず、集団指導の会社において、どうして分相応がありましょうか。

やはり中心人格たる社長がいて、その社長の人格に照らして、己の身分を考えるという立場であってこそ、名分が成り立つ。すなわち中心人格たるものをもたないところに、この名分の世界が成り立たなかった。

王道は、天に即し、孝慈を尽くし、己を克《かた》めることを説いた。

そこに徳治主義が説かれ、礼楽が説かれ、祭祀が説かれ、名分が説かれたが、むしろ「即天」「孝慈」「克己」よりも、民主主義の基盤たる、その実現すべき正義の内容として、生活の保証と精神文化の豊かさと、秩序の一貫といった皇道においてこそ、この民族の統貫史的法則としての建国の理想ならびに「十七条憲法」、時には五箇条の御誓文といった民族規範を実現する民主主義であってこそ、この民主主義は本来の名分を果たす、また目的を果たすことも可能であります。

一方において、徳治は説いたが、大孝を忠とすべからず、血統の本流をもたない国において、徳治は理想に終わったのであって、現実に成り立たなかった。

礼節和楽《れいせつわらく》の礼楽は、その共同運命の血統たるべき社会的基盤をもたなかったがために、礼楽の世界は、中国においては実現しなかった。また、祭祀として先輩の道、聖者の道を尊んだけれども、民族規範としての道をもたなかった。

なぜもたなかったのか。血統をそこにもたなかったからです。分相応の名分、自然に即する体系化においても、本流なくして果たして名分が成り立つだろうか。分相応が成り立つだろうか。

道統《どうとう》の師表《しひょう》である天皇をもたなかった、この国において、ついに名分も観念の理想に終わったのであって、事実原理として成り立つことは出来なかった。

王道と皇道とは何らの差異はないが、王道が皇道に至ってこそ、それが現実社会の具体的指導原理となり得たというところに、我が日本国の国体のあるべき姿を、我々は再認識しなければならないわけです。

このような生命結合の世界は、果たして民主主義だろうか、果たして社会主義だろうか。統貫史的法も、正義の根拠をもちたる民主主義、しかも、その統貫史的法は、生活の保証、精神文化の豊かさ、秩序の一貫という立場をとるなれば、単なる生活保障としての社会保障制度の福祉国家にあらず、人間の価値ある創意的工夫の上に立った、人間結合の原理を全うし得ることを、本命正義の内容とした民主主義の完成こそが、わが国体ならびに東洋の理想の根拠とする立場の中に含まれているということを発見し得たがゆえに、我々の第三の文化への道を説くに至ったのです。

王道と皇道の差異、またなぜ王道は理想に終わって成り立たなかったか。

またどうして、権力と民主主義とをまとめるか。こういうような理念の世界こそが、我々のまず着目すべきところです。

この上に立って、時には自由主義を駆使し、時には社会主義を駆使して、その場その場において、この理念の上に自由主義と社会主義とを肯定せざるとして駆使し得る国家こそが望まれる社会ではなかろうかと考えます。

第五章

当[*]来社会の示すもの
～第三文化の提唱～

三上照夫は、口伝が重要と考え、講演会や勉強会を中心に数多くの講義を行ってきた。これは、自宅に遺されていた自筆遺稿の中から、昭和三十（一九五五）年、三上照夫二十七歳の時の遺稿を紹介する。

＊当来：仏教用語。当然来るべきせ。未来・将来・来世

第一部　二十世紀の神話に対する迷信

民主主義に対する現代人の矛盾

我々の生きている現実の文明社会は一体どこへいくのだろうか。

現代文明がこのまま進んでいったとしたら、一体どう結末がつくのだろうか。

人類は言わず語らずに、一種の不安を抱いている。この不安は我々の気の迷いであるならばよいが、第二次世界大戦よりますます強まり、第三次世界大戦が始まりはしないだろうか。原爆は言うまでもなく、水爆、毒ガス、細菌兵器等、どれ一つとしても人類を不安の奈落《ならく》の底へ叩き落とす悪魔的兵器が伝えられ、その上、かかるものを発射し運搬するロケットやジェット機が進んでいる今日、また世界大戦が起きるとすれば、この文明社会の完全破壊であり、原始社会への逆行であることに、人々は非常な恐怖をもたざるを得ないのだ。

我々は冷たい、あってほしくない恐怖の現実を直視し、その不安の根源を探り当て、徹底的に突きとめ、明日の文明へ勇敢に突進しようと決意するものである。

今日の文明は、文明自身の破壊を投身自殺の如く邁進するのであろうか。それは文明自体が宿命的に内包している世界観・人生観・物質観、すなわち宇宙観の根本誤謬《ごびゅう》を犯しているのではあるまいか。

筆者は現代人の信じている二十世紀の神話に対する迷信の打破を叫ぶものである。

イギリスのチャーチルは、第二次世界大戦を評して、

「無くて済ますことのできた戦争だ」

と述懐したことがある。しかし、その言の意とするところはまずおいて、第二次世界大戦は欧州では満五年も戦われ、東亜では三年九カ月も戦われた。世界史上未曾有の大戦争であり、凄惨な戦争であった。そして、日独共に降伏することによって終了したことは歴史的事実であった。

長期にわたる戦争の後であるから、世界人類をあげて心から平和を熱望し、平和は旬日《じゅんじつ》にして来たらずとも、世界平和へ一歩一歩を進めるのは当然過ぎるほど当然であるのに、世界は少しも平和の方向をたどらず、それどころか、またまた世界大戦前夜の不安を醸している。

しかも第二次世界大戦で堅き同盟の陣容を張った同志間である米ソが冷たい戦争を激化させ、世界平和どころか、かえって敵対する二つの思想群に分裂し、一挙激突も避けられぬが如き感を世界に与えている。

常人の頭をもってしては、確かに世界はどこかで狂っているとしか思えない。

何故二十世紀の現代人は、世界戦争という凄惨を極めるわかりきった戦争を、それにもかかわらず戦い抜くのであろうか。

学者諸公は言う、

「近代戦争は資本主義経済の国際的対立か、経済的利害の矛盾によって起こるのだ」

と。またある学者は、

「世界中がさらに民主主義精神を把握し、世界連邦政府でも作れば戦争の原因はなくなるのだ」

等の見解を立てる。

これらの見解は皆一応もっともであるが、民主主義的な現代国家、すなわち世界の国々は、自称において、およそ「民主主義」を国家の原理とせざる国はほとんどあるまいに……。全土を焦土化し、無条件降伏まで徹底的に戦っているのが現実の世界である。

民主主義と総力戦とは何か深い関係が潜んでいるのではなかろうか。端的に言うならば、民主主義国なるがゆえに全面戦を為《な》すのではなかろうか。

民主主義化を文明の進歩の方向と考える人々は、単純な頭から、民主化されなかった封建社会や国家が野蛮を極め、無軌道ぶりを発揮した権力行使の無法社会であったかの如く考える。しかし、事実はそのように単純ではない。

民主主義以前の国家においては、第二次世界大戦の如き国家総力戦を続行するであろうか。全国土を犠牲にし、焦土と化してまで戦ったであろうか。否《いな》、戦いを続けもしないし、また続けることもできまい。

一人の王政あるいは少数貴族の利害のために、国民が、己が国民全体の利害と反する時、必ずや、王政弱化と見るや、内乱、革命を起こしたことは歴史が証明しているではないか。かつての独裁者にして全体主義のナチスのヒトラーでさえ、戦い不利を告げるや、ヒトラー暗殺の陰謀が発生した。

このように、民主政以前の君主国、非民主的国家では、第二次世界大戦の如き長期総力戦は続かないのであるが、最後まで総力戦の体制を崩さなかった米英は、国民全体がこの戦争のやむを得ない事情を深く自覚納得したるが故であって、主権在民の民主国家でなくしては現代の大戦は戦い抜くことができないのである。

戦いは国民の自覚を陰に陽に統一し、戦争目的にまでもっていかなければできないことであり、古来、敵を欺《あざむ》くには、まず味方を欺き、国民思想の輿論《よろん》を一致せしめる心理戦争が、敵に対してではなく、自国内の味方に対して行われるのが現今の戦いである。

新聞、ビラ、ラジオ、映画等の文明の利器を利用して、国民の目・耳から感情と決意の統制が行われ、自然の中に教育を受けて、国民感情の最高点に達した時に、国家総力戦を徹底前進でき得る基盤が完成するのである。

民主主義なるが故の世界戦争

今しばらく考えを深めてみると、文明の進んだこの時代に、過去において想像さえもしなかった原始時代をはるかに越えた野蛮極まる大戦争が起こるのも不思議と思われるかも知れないが、実のところ何の不思議でもなく、人類文明の生み出した機械と民主主義だからこそ起こし得る大きな矛盾に人類は突入しているのである。

「民主主義は、人類の到達した最高の政治原理である」

と学者は言う、またそうに違いない。

ギリシャより始まりし民衆支配の政治を原則とする民主主義も、国家行政であるからには国民全体の普遍意志を導き出さねばならず、その普遍意志の抽出に、議会という公開討論場において、代権者の多数決をもって国家意志を形成するわけであるが、その理想が実現されれば、いささかも文句のつけようがないが、一つにまとめる国家意志の出し方において、多大の逆説的矛盾極まる不合理を見出すのである。

民主主義なるがゆえに解決され得る全体の幸福追求の可能性に対する期待をもつと同時に、民主主義なるがゆえに可能手段をもつ徹底総力戦誘発の温床とも、一部特権階級の御用的、合理的搾取も為《な》し得る煽動《せんどう》行政であるとも言い得るのである。

民主主義は国民輿論の上に立つ政治であると同じく、国民輿論の統制を必要とする限り、下からの大衆輿論の喚起には、輿論はひとりで起きるものではなく、密かに輿論を製造する指導部が発生するものであり、今日は輿論製造の舞台裏の脚本を政党が受け持っているのである。すなわち、輿論尊重の民主政治は、輿論製造の策士家による独裁政治（民主主義の名に依る）により政治が行われているだけであり、国民総意という形式的調印を受けた独裁君主と変わりないものである。アメリカにおいてもイギリスにおいても、大統領の胸一寸で独裁的に決定できる権能は甚だしい。

現代の国家は、民主主義国であろうと全体主義国であろうと、少数独裁の政治であることに変わりはない。しかも、原水爆を保持する現今の戦争は、一国一国の国家単位の戦いでなく、ビキニに始まる猛威の水爆において、関係なき他国まで一蓮托生《いちれんたくしょう》の運命に陥る危険限りなき武装も、多数意志と見せられたる独裁において、人類の絶滅も起こし兼ねぬ権力を手中に収めているとしたら、全人類が不安を抱き、膚に粟を生ぜしむるのも無理ないことである。

民主主義の陥穽

このように、

「文明の近代化と言うは民主化である」

と一般に信じられている今日、換言《かんげん》すれば、
「彼は民主的でない、非民主的だ」
と言われると、何だか非文明の原始人種への逆行的人間であるかの如き印象を人々に与えるほど、民主主義という言葉が近代的である如き感じを与えているが、この最新型民主主義も、仮面を被《かぶ》れる悪魔的反面を持っていることを、著者は特筆したいのである。

しかし、民主主義自体が矛盾したものであると言わんとしているのではない。少なくとも西欧に産声をあげし自由民主主義が、民主主義として完成したものではない、覆い難き矛盾を蔵しているものである。

かかる矛盾は、すなわち民主主義なるがゆえに世界戦争への国家総力戦完遂の力を導き出すかと言えば、かつての原始的と言われた非文明の時代は、その実体、定義はさまざまであったとしても、何か人間に背後より働きかける「偉大なる見えざる力」が常に働いているとの宗教的信念の上に、個人の指導原理も、社会、国家の指導原理も作り上げられていた。神の前に対する敬虔《けいけん》の念の上に、神の意志を地上に実現する代権者として政治が行われていたのである。

もちろん、神の実在と神の科学的証明を必要とする現代においては、等しく、かかる古代人の政治に対する思想的根拠を、神の意志即宗教的に基づく等、嘲笑《ちょうしょう》に付すであろう。しかし、事実問題として、それだけ恐れと慎《つつし》みを持って国民生活のあり方を心配し、誠実の努力が捧げられた

ことは否定することのできぬ事実である。

　時は単純なる古代人の宗教的情操より始まりし生活への指導性に疑問を持ち、宗教味を帯びたものは一切野蛮《やばん》、未開の非文明的産物と断じ、人間を超えた力を完全に否定して、人間自身が自然宇宙の主であり征服者であるとの、人間の最高価値性を唱導《しょうどう》し、近代啓蒙の思想的華として生まれたものが民主主義なのである。

　民主的現代人は、宗教に代わるに科学をもって、科学万能への期待をいやが上にももつのであった。そして、人智を極め得た科学的知識をもって、自然の征服を志したのであった。

　自然に調和し順応していこうとする考え方は古い考え方であると断定され、人間至上主義こそ、個人主義社会、すなわち自由民主主義の人間観として学上に登場し、神の代権的自然法は人為法と

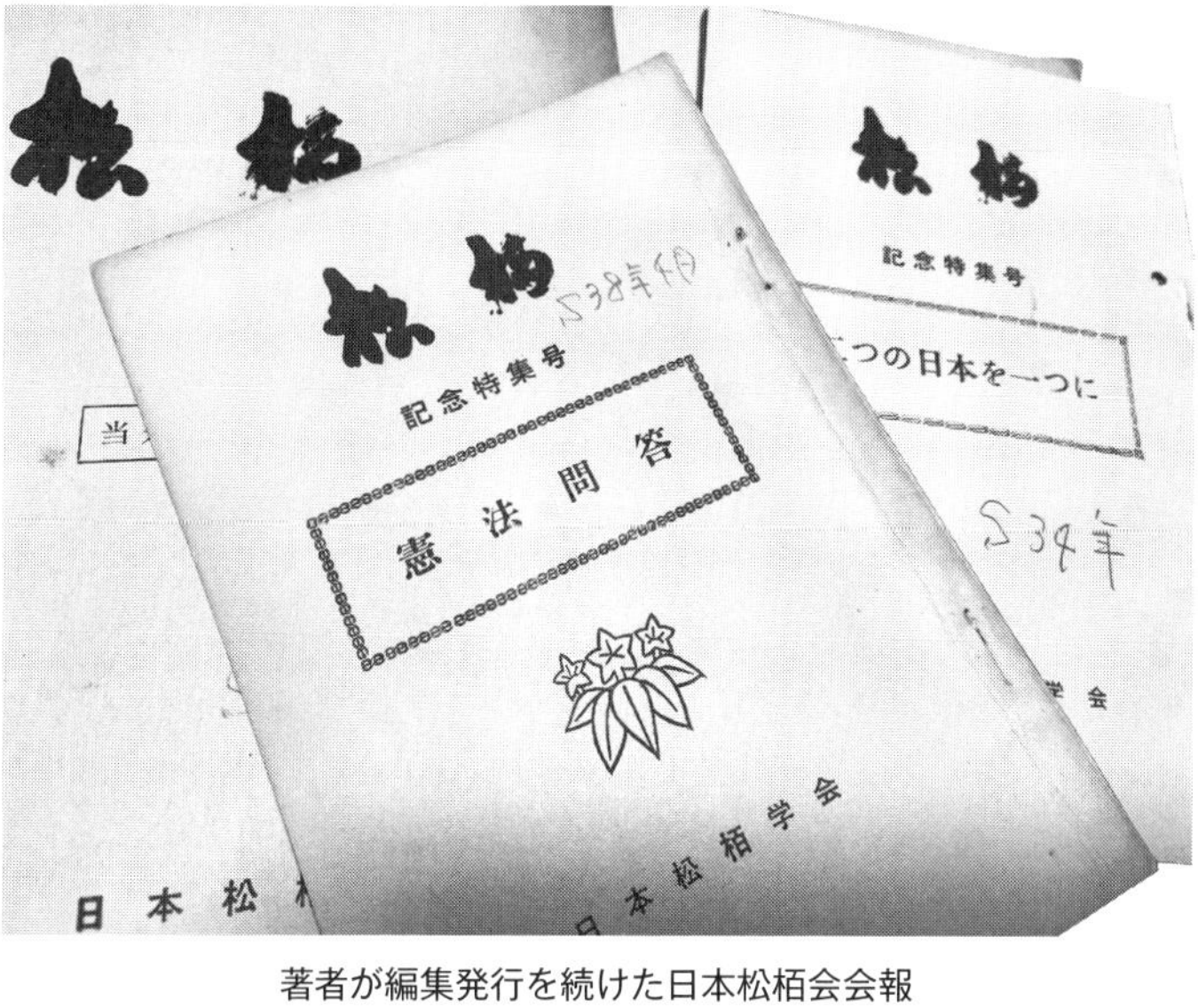

著者が編集発行を続けた日本松栢会会報

して再認識され、国家権力の行使の基準となれる法も、人間個人意志の定めるところであって、個人が自分自身を規律するという自治こそ、一切政治の根拠であるとの、民主主義の本来の面目を確立するに至ったのである。

個人意志に最高価値を認めた民主主義が議会政治となり、この議会運営の方法論として多数決が用いられ、法は多数意志の製作するものとなったのである。

ところが、この多数意志の中には、無私無我の全体福祉の上に立てる道徳的なものもあれば、利己的な利益団体及び一定階級のみの利己意志も働いている。公開討論の結果、道徳的全一的、普遍意志を導き出し得れば、まことに理想政治となり得ても、私的な、利己的党派的利権が法として成立したとしても、公的法として認めるより仕方がないところに、民主主義の崩壊根拠を認めざるを得ないのである。

公的法と私的法、普遍意志と普遍と見せられたる私的意志、ここに民主主義が一点に止《とどま》ることができず、より民主主義的普遍意志の確立を目指して前進しなければならない理由が存するのである。

この矛盾は早くから識者から指摘され、ルソーも私的意志の多数和を全意と名づけ、民主主義の求めて止《や》まぬ普遍意志とを厳密に区分したのである。

民主主義は、個人の自主性、個人の自治性において、人間の全面肯定を勇敢に為し、人は、人と人との間において完全調和の為し得る道徳的善を必ずや内包し、支那の性善説の如く、人間良心の道徳性発揮の上に立って始まったものである。

あえて言うなれば、神によって導かれ、神に監視されなければ、まともな人間生活ができないという観念より脱却して、神の名に依らず人間の責任において、人間の名、人間の自治能力において一切を決定していくところより生まれたと言い得よう。

ところが、実際において、人は自治を為し、自主的に一切権能を発揮する能力を持っていたであろうか。

個人の自覚に立つと言うは言葉だけにて、大衆の政治に参入するや、多数意志こそ公的なり得るとの考えから、是非善悪を論ぜず、要するに多数の賛同さえ得れば公的意志とみなされるところに、量の多いことが質的に正しいことを定める。

量上に事を決せんとして、とにもかくにも多量をかき集めることに熱中し、大衆意志を結集するために、新聞、ラジオの宣伝煽動をもって、選挙に勝つためには個人の理性意志に訴えるより、大衆心理の付和雷同性の利用を必要とし、その上、階級対立や階級闘争の思想が加わって、党派的利害関係が極端に激化し、公的意志、普遍意志を導き出すはずの民主主義が、私的意志の多数、道徳的社会性を含まざる民主主義の矛盾面のみが、私的意志の人為法として、また絶対権能を有して一般生活の指導権を握るに至り、その議会のもつ権能たるや、人類の活殺力《かっさつりょく》を握るほどの絶大なものなのである。

現代人は、否、文明人は、これが自由の世界、民主主義の世界だとして満足し切っているのである。

人間こそ自然の主である、自然の征服者である。最高価値者としての人間が政治へ対して持ち得た民主主義も、自然科学が進むにつれて、ましてや原子力において、人間万能ぶりを発揮することができるであろうか。

人間の力で征服支配しなければ治まらぬ民主主義は、原子力を実際のところ持て余し、支配するはずのものが支配され、もしかすると原子力に征服されて、原子時代から原始時代へ逆行する危険をひしひしと感ずるのである。

人間が自由意志で原爆・水爆を製造し、民主主義的方法において第三次世界大戦を始め、また自由に原水爆を勇敢に使用し、そして、科学も、文明も、民主主義も、一瞬にして吹き飛ばして、原始時代にロケット的速度で帰り着いたとしても、何ら不思議を感ずるまでもなく、人間自体の業《ごう》と言うべきであろう。

神がこの宇宙を創造したという神話から始まって、破壊は人間の手の中にあるとでもいうのだろうか。人間至上主義の機械文明も民主主義も自らの手で亡びたからといっても、誰に文句も言うべき筋合いは出て来ないであろう。

世上の識者の中には、この現代文明の矛盾は資本主義であって、社会主義社会、共産主義社会の到来において地上天国が現出創造されるものと信じている向きも多い。

このような予定は資本主義の矛盾にのみ目を奪われて、科学文明の矛盾、人間至上主義の矛盾、民主主義の自己矛盾等を深く掘り下げないところから来る無知なる楽天思想と言うべきである。

自由主義、資本主義、社会主義、共産主義にも共通に存する人間観、唯物的人間至上主義の矛盾こそ解決されねばならぬところであり、単なる社会諸制度の改革において解決されるが如き生やさしい矛盾ではないのである。

人間至上主義は我《が》の上に立つもの

人間は社会生活を為《な》すとともに、個人としての生活を為しているのである。

個人としての生活は、個人我《が》、「己《おのれ》が」の上に立って、その己の生命欲求に従って生活が為されているものである。

「仏道《ぶつどう》を習うというは自己を習うなり」と道元《どうげん》が喝破した如く、自己を見定めることなくして、人生も、家庭も、社会も、国家もあろうはずがない。

この道元の言う如く、自己究明の確立より出発せる人生観であるなれば、恐らくや、無批判な自己肯定としての人間絶対化への自惚《うぬぼ》れも持ちはすまいが、自我の無批判な肯定は、本能的欲望を全うせんとする欲望我を無条件に認めることになる。

この欲望我の無条件的是認を仏教において煩悩《ぼんのう》と言うわけではあるが、まさしく世は煩悩世界としての自我拡張の世界なのである。

自我の肯定は、己のみ正しいと信ずることであり、それも全く無批判的に、自己の意見の絶対性を他人に主張するのである。小さな個人において、しかるに多衆《たしゅう》性をもつ生活原理としての思想的主義主張ともなれば、ましてや無批判性に拍車をかけ、熱狂的信仰にまで高まるものである。

この、

「自分の思想だけは絶対に間違いない」

という独善的、確乎《かっこ》不動の信念は、

「千万人反対すれども我往《ゆ》かん」

との、一種の悲壮なる正義感を湧かし、天地がひっくり返ろうが遂行せんとする決意に燃え、己が信ずるところに反する輩は悪魔外道《あくまげどう》、人類の敵として撃滅せずんば止まずとの敵愾心を、むしろ憎怨にまで高めるものである。

熱病的なマラリア的存在であることは、第三者として見ていればよくわかるのであるが、今日の左傾者等によく見られる宗教的熱情が、自己がそうだと思う事は直ちに全人類が正しい事だと認めてくれる如き感情をもつのは、実は大きな誤解ではあるが、自我の無条件的肯定を為す人々の陥りやすい欠点である。

「自己」究明すれども、なかなか解らぬところに禅者等の苦労が存するが、簡単に百も承知とのことで、人々は自我を肯定している。

著者は、自我の否定者では決してないが、無批判的なる肯定の単純にして危険性を主張する者であって、無我を通して始めて体現把握為《な》し得る自我を、一度の否定と掘り下げを通さず、このまま肯定して、犬猫に等しい本能我、欲望我のみに囚われる愚を叫ぶ者である。さりながら、今日の文明は、この我々の好ましく感じない、すなわち東洋的感覚の上に立った自我でなく、西欧的有我をそのまま肯定せるところから文明が発しているのである。

歴史上、現今ほど全人類が等しく平和を熱望する時代はなかったと思う。

人は、口を開けば「文化国家」「平和国家」を御題目のように唱えるが、ところが不思議なことに、自分だけが平和主義者であって他人は平和主義者でないような錯覚に陥る。そんなことはあるまいと言われる方もあろうが、事実、このことは往々見受けられるのである。

およそ世の中に、精神異常者でない限り、一人として戦争を欲する者は断じてあるまいに、逆に戦争を欲する者の存在を前提にして、かかる好戦者に平和を実力行使をもって叫ぶとしたら、その平和を叫ぶ人それ自身を疑ってみなければならない。

しかも、平和を現実に来たらせる国家構造、国防権力も計算に入れず、

「平和、平和」

と空虚なる念仏を唱えることは、それ自身の方が現実の平和を阻害するのであり、このような平和主義者が、自説のみを正しいと信じ、自分以外の者は皆、戦争挑発者として敵視するに至っては、平和主義が平和主義のゆえに平和を失うに至るのである。

このように述懐すれば笑う者もあろうが、これが笑いごとでないのが現代世界を二分している自由世界と共産世界なのである。

世評に言われる二つの世界が対決を急いでいるのは、すなわち、二つの平和主義が対立しているのであり、共産主義の平和と民主主義の平和、ソ連の平和主義とアメリカの平和主義とである。そして、お互いが、

「自分が平和主義者で相手は平和手段に訴える侵略主義者」

と考え、あらゆる手段を尽くして相手側の偽装平和の仮面を取り去り、国際社会から葬り去らんとしている。

ソ連共産主義がソ連を一貫する政治原理である限り、共産主義は資本主義の徹底壊滅を企図するところから始まっている。出発点が、社会矛盾は資本主義経済機構の矛盾にあるとする共産主義である限り、修正資本主義または民主主義の社会主義化、失業救済に対する社会保障制度の確

立等の、ある意味における社会主義政策を採用したとしても、絶対に相容れない不俱戴天《ふぐたいてん》の親の仇《かたき》として、徹底抹殺を期することをその生命とする思想であるからには、資本主義国、すなわちアメリカは絶対の侵略国であり、戦争挑発者、戦争勢力として根絶を計画する。

アメリカは建国の精神を民主主義とする政治原理の国であるから、民主主義の基礎を成す個人主義を正面から否定する全体主義、力の国家ソ連は、常に世界平和の破壊者として、日独伊を叩いた後、共産主義という名の全体主義に決戦を挑んでおり、ソ連こそ戦争挑発者であり、戦争勢力として、とにかく相互が自らを平和愛好者と定め、自分の平和主義を譲らず、互いに相手を反平和好戦国として、世界秩序維持のために、平和や軍備縮小どころか、互いに自己の思想国家群の防衛態勢拡大のため、史上にかつて無き尨大《ぼうだい》なる軍備を備えることに時日を争っているのも、両者の独善的平和主義でなくして何であろう。

独善的平和主義は、必ずや相手国を不正不義の侵略国として、国論、すなわち大衆輿論を喚起し、戦い終わりては、勝者が敗者を一方的に戦争犯罪人として戦争裁判に裁き、無理難題を賠償として吹きかけるのが常である。これが次の戦争原因となっていることは歴史の証明するところである。

第二次世界大戦においても、「正義」と「文明」と「神」の名による東京裁判（極東国際軍事裁判）が何の疑いもなく平然と行われたことも、独善的平和主義と断定せざるを得ないではないか。

戦争裁判が、戦争をなくするために戦争原因と戦争責任を明らかにするつもりであろうが、その結果として、敗ければ戦争責任者であり、勝てば正当自衛の正義の士と断定されるに決まっている。

裁判になれば、要は勝者の感情的鬱憤《うっぷん》の脚本化された大人の芝居に止まるなれば、これからし戦争が勃発したなら、とにかく敗ければ戦争犯罪人として裁かれるので、絶対に敗けられぬ。勝つためには、人道も、天道も、犠牲も考えることなく、残忍な戦争に、相手国の無条件降伏まで国家の全身をしぼって、国民に玉砕まで戦わしめるであろう。

戦争裁判の偽善、独善性が、このような有機反応を起こしてくることを忘れてはならない。

自我の上に立つ人間至上主義は、平和のために全地球上を焦土と化すことも辞さない、困った平和主義なのである。

西洋文明の生み出した二つの華

自我の独尊性の上に建築された「有我文化として生み出された西欧文明」は、言うまでもなく、キリスト教の影響を受けぬものは何一つなく、実のところ、個人主義も全体主義もキリスト教を母体としていると言えば、「まさか」と驚く人も多かろう。

しかし、事実は事実として論証するより仕方がないが、この短文にかかる大なる内容を必要とする論述は紙面が許さないので、ただ結論のみを論述し、西欧文明の今後の歩みを指摘したいのである。

個人の集合が社会であり、社会的個人としてのみ個人の存在理由がある。

これはあまりにもわかり過ぎるほどわかりきったことであるが、この一句が今日文明の個人主義と全体主義とを生み出している根拠とも言い得るのである。

近代市民社会が経済の要求において生まれたことは、マルクスの言葉を待たずしても当然である。十七、八世紀の頃、西欧において、それまで人間共同生活としての社会及び国家は、宗教を基調とせる自然法によって規定されてきた。

ところが、商業市民が経済活動を営む時に、経済の自由を国家より獲得するために闘いを挑み、その勝利に期するや、経済的自由を根拠として商業市民を生み出したのが近代民主主義である。だから近代民主主義、自由民主主義は、経済活動の自由を帝政より勝ち得たことより始まるのである。

もちろん、人間の自由の要求は経済に止まるはずがなく、政治、文化、思想等、人間生活のあらゆる部面にわたってまで要求されて、今日の自由主義文化が誕生したのである。

個人的自由、個人の尊厳より生まれた市民社会は、国家という外的秩序を嫌い、個人個人の自発的承認なくして個人の自由の制限を避け、まして経済においての一切の制約を排除し、自由競争の経済への専念をモットーとした、かかる自由放任経済に自然調和の経済を学説化したのが、アダム・スミスである。

スミスに拠《よ》るなれば、個人の経済に無際限の自由を許し、盛んに経済交流を行わしむるなれば、無秩序どころか、自然調和を市場変動において生ずるとし、個人の利己的活動を外から制限しなくても、否、制限をしない方が調和状態を現出するのだと論述したのであった。

確かに資本主義初期の経済は彼の予告の正しいことを証明したが、さて、自由を、言う通り無際限に許して調和が保ち得るはずがなく、万人が共通に平和的に自由に生活を保持しようとすれば、どうしても各人各人の自由の調定、自由の激突を避ける平和的諸条件を万人が守らない限り、治まるはずがない。百人百様の自由は必ずや衝突を免れない。

そこで、スミスといえども、万人が正義の法を乱さぬ限りの自由放任を説いたのである如く、個人自由の共存のための平和的平等条件を法文化して、各人に守らせないでは、秩序は無政府状態に陥る。そこに法律国家が現出せざるを得ないこととなった。

自由な個人は、この民主的に定められた法律の下にあることによって初めて、平和に共同生活を営むことができる。個人は自由であるといっても、それは法律内の自由であって、法律は各人の自由を共存せしむるになくてはならぬところのものとなった。

法律国家が出現すれば、万人は法の下《もと》において共存共栄が約束されるのであるが、一体誰がこの法律を法律として万人に守らせるのであろうか。

法律の実効に対しては、権力の裏づけのないことでは単なる空文に等しい無駄事である。万人に法として守らせるには、背後に法を否定する者は断固処分をもって迫るところの力が必ず要求されるのである。

この権力構造の支えが国家なのである。国家は多数人の共存を法治下において守り抜くところの権力構造であり、また外的侵入を防いで個人生活の安寧確保の力である。

自由が生んだ不自由

以上のように、国家権力よりの自由を主張して経済活動中心の市民社会を生み出したが、逆に個人の自由より、法律という一種の不自由な制約を設けないのでは社会秩序が成立せず、自由に反する不自由を自治の名による法律国家へと前進した。

経済生活がすべてを支えるに等しい市民社会において、経済生活が外的制約である法律を有効ならしめる程度で円滑にいくなれば、いささかの不安もなかったが、自由経済には、周期性を帯びた景気変動と恐慌が七年ないし十一年目にやってくる。

この時々に大量の失業者が続出し、社会は経済的混乱に落ちざるを得ないので、経済学者は経済不況の原因探査に懸命の努力を尽くし、貨幣説・過剰生産説・過少消費説・企業活動説を導き出したが、景気変動は高度資本主義社会の下で、経済的要因が自由に活動を始めた場合、経済が均衡状態を続けず波動するのが正常なのであることが明白となった。

さて、しからば、景気変動の波動を完全になくしてしまうことは経済発展の大道を停止することであり、人間の自由発達の競争意欲をなくしてしまうことになるので、景気波動の全き否定は為《な》してはならぬが、景気波動に伴う経済生活の不安定面のみを除去するために、景気波動による犠牲者を少なくするために、経済政策による景気の興隆を図ることを余儀なくされてきた。

すべての人間は平等につくられているという立場から、利害の調整を目的とした法律だけで経済生活の確立はなく、経済自体で経済を安定せしむることができず、経済の麻痺を経済外の力に頼らなければならぬ現状がやってきた。この経済外の力とは、政治の力であり、すなわち国家は法律の擁護者だけで事は済まず、政治力を涵養《かんよう》して経済の一方の担い手であり、経済の主導権を握る権能者として再確認されたのである。

社会生活はまことに複雑であり、単純に割り切れないものである。自由経済を各人が為したとしても、各人の肉体的精神的素質、教養の程度、財産や資本の有無によって、経済能力も甚だしく異なってくる。

また、先天的不具者や後天的不具、あるいは罹災者《りさい》（火事等による）等は自分の独力で生活能力を持ち得ない者も社会には多数存在する。この生活能力を持ち得ないか、発揮できない環境下の者は、自由経済社会において、食うや食わずの貧困に陥る。

この貧困者も、景気波動の失業者と同じく、何かの対策を、救いの手を必要とするのである。近代社会は貧困防止のため、少なくとも生存していける技術の保持者たるよう補導する教育施設や、社会保険及び社団法人下の慈善事業や公共福祉貧救事業が社会政策として行われる。

経済は国内のみで止まるものではなく、外国資本への拡充が意図される。この対外的経済活動も国家権限も独立国として把握していないのでは、海外市場に叩かれることは必然であり、現今の日本のように、輸出入の不均衡が国内経済の安定・不安定の面を掴んでいることは国民周知のことであるが、国内経済より国際経済へと活動範囲を拡張するにも、強力なる国家背景なくしては、不均衡の貨幣価値を是正できぬようでは貿易も成り立たず、したがって国内経済の振興も不能になるのである。

換言すれば、国家権力の増大を期待しない限り、国内景気波動の均衡を目的とする経済政策を指導する政治力も、社会政策としての複雑社会の異常現象是正の能力も、また貿易振興による国際市場の対等競争も、すべて行政国家としての強力陣容を確保できないようでは、国民生活が安定しない現実となった。

国家権力打破より始まる市民社会も、法律国家、行政国家と、国家権力構造への期待と要求は非常な熱望の的となってきた。

かくして、国家行政の権能が国内の主導権を握り、国民生活の生殺与奪を許されるところに、国家行政把握への政治的利権屋が、大衆を躍らせてでも、多数量による民主的搾取も計画する、人道上許すべからざる野望家を台頭せしむる結果となったのである。

国家は普遍意志、すなわち一つにまとめられた国民意志の総和によって行政を行うのである。その普遍意志の民主的、非民主的はさることながら、行政国家とは言葉を換えれば社会の国家的統一ということであり、個人の自由意志の全き否定である。

市民社会は、個人主義の上に構築された自由主義を国家に対して要求した。逆にまた、国家的統一面を強調する政治国家は経済生活の安定確保を与える。自由と統一、行動の自由と経済の統一的安定、両者は相矛盾して対立する。しかし、よく考えてみれば、統一と自由とは他者なしには存在できないのである。

市民社会の福祉の増進と社会政策の要請により、行政国家はなくてはならぬが、また一方、政治国家も市民社会の自由活動を許さざる限り、経済的繁栄を促進することはできない。

ヘーゲルとマルクスの相剋

お互いに相手を必要とする。対立しながらも統一する。矛盾の自己同一として発展するのが近代社会であると、社会の指導原理を自由と統一の国家的同一性に求めたのがヘーゲルであった。

ヘーゲルの体系を国家主義と名づける学者の多いのには、この立場を是認するのである。ヘーゲルは近代市民社会に発生するすべての出来事は、国家の力で解決ができるとしたのであり、もちろんヘーゲルにおいても、一方的な国家的強権発動のみの圧制を是認したのではなく、資本主義社会の内部に起こってくる社会問題を、国家による社会政策、国家統制によって、資本と労働の対立も、経済に対しても、自由にして、かつ、断続的国家統制をとる立憲君主制において、万能的矛盾解決の政治形態と、これを認めた。

市民社会の自由と政治国家の必然とは、国家において対立しながら統一されているものを人倫国家と名づけたのである。

ヘーゲルは対立と統一の和解性を弁証法的に発展せしめたのに対して、マルクスは真っ向から反対した。

自由と統制、対立と統一、自由と必然、かかるものが和解する道理がない。どちらか一方が他方を倒してしまわぬ限り結末のつくものではない。近代社会の生み出した市民的自由と国家的行政とは、二本のレールであって、絶対の和解はあり得ない。なぜなれば、自由意志によって決定される民主的普遍意志、一つにまとめられた国家意志が、実際に民衆の個々人によって導き出されるのであろうか。それは民衆意志の総和と見せかけた、国家側、政府の指導による意志である。

マルクスはさらに言葉を継いで、国会（市民代表の公開討論場）は政府が内裏で勝手に決めたことを、大衆全体の利益を代表する意志であるかの如く思い込ませ、民衆代表である代議士諸公の手によって議決されたかのように信じせしめる合法的虚言であり、国家意志を定める国家において、市民的自由の無視された行政国家のカラクリである。

つまり、市民的自由と国家的必然とは融和不可能の対立であり、市民と国家とは最後まで倒し終わるまで闘う宿命的対立である。そこでマルクスは、市民社会と政治国家の対立は何処までも闘うより仕方がないものであり、両者の対立は、君主と市民にあると見た。

両者の君主と市民とは絶対の和解なく、君権により市民が圧倒されるか、市民の団結により君主を倒すかのどちらかでなければ解決はできない。それに、両者を生かそうとする立憲君主制の如きヘーゲル説は、真実、市民を救うものではない。君主は中世的封建的であり、市民は近代的進歩的である。そして君主が敗者として倒れるとした。

マルクスは君主制を打倒して真の民主主義を実現し、君主制の残滓《ざんし》を徹底除去して、民主主義、市民的自由を徹底させれば、近代社会の理想に達することができるとした。

マルクスによる民主主義は、次のようなものであった。

一、民主主義によらざる政治は自己矛盾により、必ずや民主的政治へ移行する。

二、民主主義では、人間の自由意志の決定に待つべきであり、民衆の自己規定としての憲法が社会を秩序づける。

三、国家政治の規定によらず、市民社会の民衆自らが制定した憲法によって支配される。

マルクスもヘーゲルの言う人倫的自由を決して否定したものでなく、真の市民的自由の完成は、国家権力構造の徹底打破より始めて生まれ、そこに形式的、見せかけられた国家（君主）意志でなく、民衆自身による真の自由決定による政治を作り出そうとした。自由の完成のために一切障害を除き、市民だけにするべきであるとマルクスは考えた。

中世的君主の打倒は、革命、血の粛清により短兵急の手段を主張し、第一次革命は終わったのである。

マルクスは、市民社会の自由を叫ぶ前に、市民が一《いっ》でないことを発見し、ブルジョア階級とプロレタリア階級の二つの市民を見出し、どちらが真の市民であるかとの考察の結果、プロレタリアこそ真の市民であり、プロレタリアとブルジョアはまた和解を許さざる階級であり、最後に結末をつけねばならぬ。階級闘争を終えてブルジョアが倒れて後こそ、真の自由市民だけによる民主主義が理想化すると考えた。

かくして近代市民は封建的君主を完封し国家権力をシャットアウトしたが、君主を倒して国家が消滅するどころか、政治国家と違った国家、すなわちブルジョアによる全権横行の国家が成立した。

マルクスは、ブルジョアとプロレタリアの階級対立を市民社会の根本と見て、

「従来のすべての社会の歴史は、階級闘争の歴史である」と規定し始め、歴史は対立する二階級の一方が他方を倒すことによって社会は進展する。ブルジョアは国家権力を自らの手に収めて、政府を自己擁護の防波堤とし、プロレタリアは封建的関係からは脱したが、それに変わるに賃労働者と化せられた。

近代機械産業の発達に伴って、生産量の増大と通信交通機関の発達による消費者の範囲が拡大し、消費量は増大し、その上、貿易による世界市場への活躍が始まり、恐ろしく生産力が発達し、ブルジョアは次第に独占資本へと資本力を増大した。

一方プロレタリアも、中小企業等の、景気波動または大企業より自然淘汰《とうた》され、賃労働と化し、プロレタリアは数の上に増大し、プロレタリア運動は少数運動より大衆運動と化していった。

旧《ふる》き社会の法律・道徳・宗教は、要するにブルジョアの利益擁護の階級的機関と断定し、ブルジョアを倒してプロレタリアの手中に権力を奪取し、そして賃労働をなくし私有財産制を廃止し、「各人の自由な発展が万人の自由な発展の条件である如き社会を形成することを目的として、共産主義運動が発生したのである」。

今や論述はマルクスの立っている哲理及び社会学的根拠を明らかにする時が来た。

マルクス思想の核心は、資本主義はプロレタリアとブルジョア階級との容赦《ようしゃ》なき闘争によって必然的に崩壊し、ブルジョアなき真の市民、プロレタリアのみの社会が誕生する。これが核心である。

この対立、激突、破壊を導き出した哲理は、まずヘーゲルの批判より始まるのである。ヘーゲルは対立の統一を説くのである。

資本と労働に見るなれば、資本は労働を雇い労働は資本に雇われながら存在している。この両者である資本と労働が対立し、資本は労働を、労働は資本を排除しようと激突する。

この時、資本が労働を否定する限り、資本が労働に従事し、また労働が資本を完封する限り、労働が資本に移行しなければならない。これなれば、資本が労働に転化し、労働が資本に移行して、相手の消滅を行うのでは自己自らが破滅を招くだけであるから、この両者の破滅を通して、労資は自己の破滅以外の何者でもない。

この矛盾解決の闘争の不利を悟り、労資（労働者と資本家）は相手がお互いになくなっては自分が存在しないことを自覚し、他者を徹底的に排除することなく自己を反省・限定して、他者と共に在ることを認め合う。

かくの如く、資本主義体制が労資双方の相手を許し認め合うことによってのみ、自己もまた存在し得るという大自覚の上で、労資は対立しながら統一する。純粋資本主義ではなく修正資本主義の是認にほかならない。すなわち、ヘーゲルによる結論は、和解であり、妥協である。

ところがマルクスは、妥協・和解ができるような対立は、最初からの対立ではない。どちらかが相手を倒さずには解決しないようなものこそ、真の対立である。

マルクスは、ヘーゲルの説とは逆に、対立の和解的・自覚的統一を認めず、対立するものは、一方が他方を倒すことによって対立が解決せられる。対立が激化すれば、必ずや破滅せざるを得ない。闘わざるを得ない。そして一方が他方を倒し切った時、むしろ、一つの根拠に還帰《かんき》しているのであると説くのである。

「対立―破滅―還帰」の三過程を経て社会は前進するのが、社会科学の示す科学的必然法則である。すなわち、現実には、資本主義・労資の対立・階級闘争・資本主義の崩壊・共産主義への移行（還帰）である。古い資本主義から見るなれば破滅であるが、同時にまた、違った新形態による統一根拠に到達するのである。

レーニンとロシア革命

共産主義運動は、社会科学の公式上において帝政ロシアを打倒し、次の革命でブルジョアを打倒して社会主義を樹立する。かくして、労働者・農民をその方向へ指導しなければならない。労働争議という大衆の群集性を巧みに指導し、効果的に経済闘争を政治闘争へと誘導すべきである。すなわち、職業的革命家・共産主義者が一般労働者に代わって大衆指導者として生活闘争を導き、生活全権を握るプロレタリアの指導者、それも無知なる労働者を引率するため、独裁者としてプロレタリアを引っ張らなければならぬ。かく考えるに至ったのがレーニンであった。レーニンは階級闘争の指導者として、またプロレタリアの独裁者として、革命誘導に対する計画戦術者として、社会の労働者に臨むのであった。革命司令部の鉄の規則は職業革命家の軍令であった。

ところがロシアにおいては、戦争がヨーロッパ全土に広がった時、第一革命目標である帝政ロシアは内部崩壊により倒壊し、民主主義革命は成ったが、レーニンは続いて、第二革命、ブルジョア打倒、プロレタリア独裁まで前進した。

マルクスが弁証法で言ったごとく、対立―破滅―還帰と、三原則は実現されたであろうか。新しい理想の境への還帰、基盤たる共産主義社会への第一歩は、いかなる形態で踏み出したであろうか。

新しい国家の政治はプロレタリア独裁であり、経済においては生産計画の全体主義であった。ブルジョアを一応倒しても再び立ち上がることのなきよう、監視者であり、抑圧者である革命指導者が国家権力の全能者として独裁政治をすべきであり、共産社会を実現するにしても、生産力を高度に発達せしめて、全国民を養って余るほどの物質量の豊かさを必要とする。

そのためには、国家全体主義による計画生産としての第一次、第二次という現今に至る五カ年計画を、全力を挙げて、あらゆる犠牲を尽くしても進まなければならない。

レーニンは当初、かかる計画性をもって、力の暴力化する一般労働者を操る戦術家として登場したのである。

我々はしばらく考えてみよう。
○ヘーゲルは、妥協、和解の弁証法をもって社会の指導原理とした。
○マルクスは、対立―破滅―還帰と、破壊革命の上に立って社会の指導原理を眺めた。
○マルクスは、ただ破壊の上に立って革命さえ遂行すれば、自然的に新しい社会を創造（言葉によっては還帰）する。
人間的力を何ら加えなくても、自然に科学の論証するところに従って、必然的に新しい社会、新しい基盤に到達する。これが社会科学の命ずるところである。したがって、現今は資本主義打倒、ブルジョア打倒にのみ容赦なく革命を遂行すればよいのだとの立場に立っていたはず。

しかし、レーニンはどうであろう。

革命が起こらざりし以前から、革命後の一国社会主義、プロレタリア独裁、その上、自然に革命後に来るはずの新しい社会基盤でなく、意識的・計画的・戦術的・大いなる企画性をもってプロレタリア独裁を決定の事実として、自らが一国の主導権を握るべく意図したではないか。

資本主義が完全に円熟した西ヨーロッパ諸国やアメリカ本国において、労資の対立から革命へと移行したものなれば、科学的必然と言い得たとしても、資本主義の初期の農業国であるロシアに革命が起こった事実は、社会科学の命ずる必然的社会現象、唯物弁証法の教ゆる科学性による結果によって起こった大自然の天命ではなく、自然になるべくして起こった事実ではなく、意識的に事実にした計画性によるものである。

また、第一次革命より第二次革命へ、帝政の打破からブルジョアの打破への計画性も、生産力が他の資本主義国より遅れているから、急いで生産力増大の計画経済を行おうとしたところなどから推察するなれば、マルクスの言う、

「政治は経済の上部構造である」

とする鉄則を是認するなれば、経済的円熟、社会主義的計画経済の完成を待って上部構造たる政治的変革、プロレタリア独裁は生まれたのであろうか。

経済によって指導される政治（マルクス）ではなく、政治（計画的・意識的プログラム）による経済であったことを、ロシアは身をもって実証し、マルクスの徒弟がマルクスの正しからざることを皮肉にも実証したのである。かくすればかくなるという目的で、プログラムをもって現実否定をなし、より良き社会を造り出す建設的な行き方こそ、社会は安心してついて行けるのではなかろうか。

マルクスの徒は、ただ否定、現実打破であろうとする。否定の後の具体的プログラムをもつこ

とを、プチブル的、日和見主義者として非難する。それよりも、労働者は資本家に対する憎悪の念に燃えなければならぬ。我々階級の倒さずにはおかぬ敵なのだといった、群集心理の憎悪を組織化したものが共産主義者の職業と言い得るのである。

マルクス・レーニン主義は、ひたすらの否定こそ科学的態度として誇り、一つの理想社会を観念的に画《えが》き出して、そして現実矛盾から理想的社会へと一歩を進めるユートピア社会主義に対して科学的社会主義と称した。彼らは資本主義の否定から共産主義への必然的移行を科学的と称するのである。

マルクスは、市民社会、金権的自由経済社会を全面的に否定し、経済機構の変わった社会に因る自由、社会主義的自由を主張したのである。

共産党独裁の必然

自由（民主主義）を廻って繰り広げられた歴史的展開は、自由は否定しないが、自由主義的経済機構、資本主義社会における自由は、真実一般市民の自由ではない。自由と形式上に見せかけられた無知の不自由である。

市民的真の自由はブルジョアによって合理的に動かされている今日の議会主義によるものでなく、経済平等と経済不安の一掃された社会主義的計画経済の上に立つ、経済平等を通せる社会主義的自由である。

市民社会は個人が出発点であって、全体はその結果である。ゆえに自由主義経済は個人が好きな経済活動に従事してもよいが、その否定としての社会主義（全体主義）的計画経済は全く逆であり、全体社会が個人の経済活動を規定する。すなわち、個人は全体から定められたノルマを遂行しなければならない。

社会的個人、全体の上に立てる個人の自由、社会主義的自由こそ真の民主主義であるとして、西欧の自由民主主義に対して、東欧の社会民主主義として、二つの民主主義が同じ民主主義を政治原理としながら対立を始めたのである。

個人主義上の民主主義（自由民主主義）と全体主義上の民主主義（共産主義・社会民主主義）との原理上の対立である。

全体主義上の東欧民主主義は私有に対して共有を、自由に対して計画を、個人の創意工夫に対して全体的ノルマを主張する。

共産主義は、共有・計画・ノルマで、実際万人の福祉が保証できるのか。

では、一体誰が共有財産を管理し、計画経済の計画を立て、またノルマに従わぬ者を罰するのか。この政治的実権を握る者は誰ぞ。それは、個人主義的議会制民主主義でなく、プロレタリア独裁である。これはプロレタリア自身ではなく、プロレタリアを指導して来た共産主義者、職業革命家の独裁である。

共産主義者は答えるであろう、

「大衆の万人自覚が政治的に向上するまでの段階的独裁である」と。もちろん、マルクス・レーニン主義は、資本主義から共産主義への過渡期の政治形態で、やむを得ないと。

しかし、マルクス主義から言うなれば、過渡期とは次に移行する前提としての過渡期であって、行くべき目標下にある現実といったプログラムは、唯物弁証法上認められないはず。過渡期を過渡期としてでなく、現実独裁と断定しない限り、彼等の論理は成立しないではないか。

プロレタリア独裁、少数者独裁は、ブルジョア（独占資本、これも少数者）独裁とは違うと声を大にして弁明してみても、プロレタリア独裁も、少なくとも独裁である限り、プロレタリア民主主義と言い得るであろうか。

人民議会は、彼等が否定する自由民主主義の議会と違った全くの自由討議、戦術、党略のない合意的搾取なき高天原の神集いと言い得るものだろうか。否《いな》、自由主義議会よりも、力と権力に歪められた恐怖議会ではないか。プロレタリア独裁の道具としての見せかけの形式的議会は、かつての軍閥内閣以上のものと言われるのは何故であろうか。

人民民主主義、社会民主主義であると一応主張するロシアは、またまた新しい王族階級、共産党とプロレタリア、農民との階級分化が起こってきた。新しい独裁主導権者共産党とプロレタリアの階級が生まれて、万人の自由が有ると言えるであろうか。

マルクス主義者は答える、

「共産党はプロレタリア、農民の利益のみを考え、かつ、一般大衆プロレタリアは共産党に心から服従し、自発的に共産党の指導下に喜んでいるなれば、人民の自由の束縛ではない」と。しからば、我らは問わん！

専制君主に心服して名君に命を捧げていくのも、まさに民主主義の完成と言うのか。これを認むるなれば、我々も共産主義者の独裁を一応認めよう。これなれば過去の社会革命は無駄事の喜劇と言わざるを得ないであろう。共産党独裁は、まさに弁明の余地なき共産党独裁であって、自由束縛の敵である。新しい人民の敵である。

二つの民主主義、二つの平和主義

我々は結論に近づいて来た。

西洋文明の生み出した二つの華《はな》は、個人主義の上に立てる限り、政治的には自由はあれども経済的平等、経済の安定なく、全体主義の上に立つ限り、経済的平等はあれども政治的自由は失われて行く。

個人主義（自由民主主義）は、自由はあれども、それは平等を犠牲にすることの上においてのみ存立し、全体主義（共産主義）は、平等はあれども完全なる自由の失脚においてのみ存立することができる。

自由民主主義は、議会による金権賄賂による合理的独占資本家の搾取機関であり、東欧民主主義（社会民主主義）は独裁政治に於けるピストルと権力による恐怖政治である。

二つの世界も共に生み出された西洋文明の華である。

二つの民主主義、二つの平和主義。この二つの世界が今、世界のあらゆる思想、政治、経済に於ける対立を示す根源になっている。これらの哲理及び思想上の対立の依って来《き》るべきところは、西洋文明自体の考え方、西欧人の考え方の基盤に対して、何か根底に狂いを生じているのであり、西欧人特有の人間観、世界観に何か不審をもたざるを得ないのである。

昨今、「近代的」と言えば西欧的ということである。同時に世界文明の代名詞であった。

しかし、西欧文明が、その政治原理として世界に提出した民主主義（二つを含めて）は、全く相容れない、力の闘争に待つより仕方がない断末魔の段階に至っている。西欧人の手をもって解決できない魔術的存在となり、抜き差しならぬものとなっている。

西欧が文明のすべてであり、先進国であり、東洋は封建的古代の遺物の浸潤する非文明国であると信じている日本の知識人の多いことよ。しかし、西欧文明の結末は人類滅亡への宿命を待つばかりで、何とかしなければ人類はたまったものではないのである。自由と平等、個人と全体と、哲学初歩の問題でさえ未解決でいる。

西欧に対する先進的文明国であり、我ら東洋人は従い行く後進国であるとするは、少なくとも社会現象学においては不当であろう。東洋は往時より人生哲学、社会生活において、西欧人の何人の追従をも許さぬ聖釈尊を生み出し、仏説によるところの個人の究明・生命への神秘・宇宙への達識は、今日の科学が進めば進むほど、その偉大さと真実さが証明されて来ている。

西欧文明がむしろ投げ出した人文科学は、今こそ東洋思想の鍵を持って解明する時が来たのだ。西欧文明よ、少なくとも人文科学に対して手を引き、我々の東洋思想の哲理の中から投擲《とうてき》する救綱に対して率直に眼を開き、互いに手を携えて地球の救済に乗り出すべきであろう。

それにはまず、日本人自体が西欧の華に対する迷信を、西欧が先進国であり指導国であるとする二十世紀の盲目的神話の科学的メスの上に立ち、西欧神話への迷信を打破すべきであろう。

かかる事に気がついている英米人を始め、西欧人は少なくはないのであり、ベルギーの如き小国でさえも、次の文明への一石を投ぜんとして、大知度論（仏説）の研究に国費の多額を費やし、アメリカは学者を動員して、国家予算を割いてまで東洋思想、ことに仏説研究に懸命になるのは何故だろう。フランス、ドイツ、すべて然り、実存派の哲学者を始め、立体芸術の前進等、東洋的幽玄、東洋的感覚への歩み寄りと見ずして何と見るべきであろうか。

第二部　独立日本の世界への指導的立場

米ソの歩み寄り

日本の建国と独立性は、いかに理想をそこに並べ立てたとしても、将来の世界に呼応する何ものかを世界に提出しなければ何にもならない。理論上、いかに立派でも、世界性を持たず、世界の現状とかけ離れたることでは全く無力であり、感情的島国根性の外、何ものでもなくなるのである。だから世界呼応性を力説するからといって、日本人自身の主体性、精神的独立性を失った単なる国際性のみを強調するなれば、日本は精神的ルンペンとして右往左往するより仕方があるまい。

ゆえに我々は、世界の現状という具体的在り場所と、日本の主体的独自性との二面の立場から、西欧文明没落の後に来る文明を証査しなければならない。

まず、世界の現状はどうであろう。

ロシアは資本主義の後進国の上に一番前進した思想、共産主義革命を遂行したので、観念的理想と現実ロシア社会との間に大きなズレを起こし、この調節に苦しみ、共産主義への移行の必要上、政治的に否応なく全体主義を採らざるを得なくなり、一国社会主義の名の下に五カ年計画を強行し、科学・技術・教育・芸術・思想の一切を総動員し、一糸乱れぬ強力政治、独裁力を十分に発揮した。

かくして生産力の増強を規定する事実は、唯物論を指導原理としながら、唯物論的全体主義の下に唯心論的精神主義が実践されているのである。その上、本来過渡的独裁として容認したはずの独裁政治は、世界共産主義体制の確立まで半永久的のものとなり、独裁力の下に軍備充実を強行し、広義の社会主義本来の面目である人民の生活水準の向上は第二のものとなった。

しかし、最初の課題であり、最終の課題である人民民主主義、一切の搾取なき社会の確立には、いつまでも全体主義的強制を続行していくわけにはいかない。本質的な民主主義、生活安定の次に来る民主主義の要求が起こってきている。

次に、ナチスがベルリンにて降伏して後、ロシアの軍隊は東欧に駐屯し、衛星国を作り、それの指導の任に当たったロシアの青年将校が多くいたことである。しかも将校達は、ロシアよりも遥かに近代文明の水準高き国々に接し、全体主義的共産主義の現実強行はあまりにも無理を生ずると同時に、自由の空気なき青年達に、自由の風はまことに肌触りが良かったのであり、自由への動揺が彼らの気持ちに巣食ったことは否定できない事実である。

そこで全体主義的共産主義は、逆に民主主義化の線を採らざるを得なくなり、前進よりも後退の気がちらついて来ているのである。

一方、西欧自由民主主義国は資本主義による矛盾の社会不安を一掃する、社会福祉を建て前とする修正資本主義の立場に前進している。アメリカとても、純粋自由主義経済の政治に止まらず、資本主義に徐々の変化を事実上与え、共産主義者が期待するような資本主義の破綻も生ずることなく、建国の理想精神である民主主義の実現に一歩を進め、階級対立の激化は柔軟性を帯びてきている。

かくすれば、大局論的に、共産主義の民主主義化、すなわち全体主義の個人主義化と、資本主義の福祉化（一種の社会主義化）、すなわち個人主義の全体主義化が両者に起こり、マルクスの論説した不倶戴天《ふぐたいてん》の敵視する両者は、社会の現実上から、歴史的に歩み寄らざるを得なくなっている。

また、両思想群の間でどうしても解決しなければならない問題は、原水爆の取り扱いにある。進歩せる科学産物である原水爆は、過去の人類が直面したことなき危険を感じ、原子力の扱いは人類をして最高度の文明を作り上げる大いなるエネルギー源でもあり、また一面、暗黒社会へ直通の麻薬である。その実力は、人類自体が真剣に考えざるを得なくなっている。

こういった諸種の動きが、必然的に人々に考えさせる材料を提出して来るのである。文明は皮肉な矛盾を起こしていることに、人々は気がつきだしたのである。

人類の断末魔への光明は東より

自由主義経済は歴史的稀な富と繁栄をもたらしながら、その豊かな社会の中に飢える貧者を作り出した珍現象、科学技術が進歩すればするほど細密化し、分化し、機械の発達と共に、人間を次第に無性格な機械的な人間を製造する。

文明が進めば進むほど、無個性の個体としての人間を作り上げ、新聞・ラジオ等の印刷・電波文明の発達は、人間の意志を大衆に表現するに便となり、また輿論統一も可能となったが、その実、群集心理で躍らされた無性格な大衆輿論を発達させた。

多数決を至上の原理とする民主主義は、実質、内容、実力よりも、詭弁、宣伝を発達させる。

ここに真実の智慧よりも見せかけの知識を増進し、文明社会は確かに便利にはなったが、人間の精神生活、すなわち根性を浅薄にして、温かい人間味を解体させている。換言すれば、病的癌疾や結核性を内面的に蔓延させながら、眼前の物質文化の絢爛さに己自身の人間性の本質を失っているのが今日の文明ではなかろうか。

文明とは何であろう。人間社会の幸福を約束すべく向上を続けたものではなかったろうか。しかし、今日は不安のどん底にいる人間が作り出して、人間が不安に落ちる。このままでは、何とかしなければならぬとする意見は世界各国に拡がっている。

「人類の断末魔への光明は東より」

との声が起こっている。

そして、米ソは、文化の上、思想の上において歩み寄っている。

すなわち、自由と平等の自己同一を求めて、何らかの融和を求めているのである。

東洋の聖者が求めたもの

東洋の思想は、一切が自己の究明により始まったのである。文化の根底に、宗教が必ずや内在するなれば、東洋の文化の根底には仏陀の思想が必ずや流れているのである。

およそ宗教の目的が、相対差別の有限にして個体である我々が、無限絶対の全体宇宙を自らの有限の身に体現把握せんとするのがその目的であり、究極なのである。これは、生命体としての我々は、生命の無条件的要請として「永遠の生存」と「自我の保持拡大」をもつ、この人間本質、本具《ほんぐ》の無自覚的要求より始まるものである。

かかる無条件的生存の意欲、すなわち、

「いついつまでも死にたくない、生きていきたい気持ち」

と、

「自分をより良く拡大せしめたい」

と願う意識に応《こた》えんとして発生したものである。

そこで宗教的客体（神）は、この人間の願いに満足を与える充足の原体であり、

「今我ここに在り、彼ここに在り」

とする。五十年の生命と五尺の体を内容とする生命体として、この体、この現実生存を健康、長命、発達という消極人間としての社会生活、知識向上、日常必需品の獲得充実を求むる要求に合致せる生活宗教を生ずるとともに、そういった生活への要求と異なり、生きているという事実、生命それ自身の意義目的、生きている理由、生存価値に対する解答を徹見《てっけん》実証せしむる生命白道《びゃくどう》の宗教をも生み出しているのである。

「人間とは何ぞや」

という問いに答えうる宗教と、

「いかに生くれば幸福になれるか」

ということに答えうる宗教もある。生命自体に直入《じきにゅう》する宗教を禅定《ぜんじょう》型の宗教と云い、生活指導の宗教を祈祷型の宗教とも区別なし得るのである。

仏教の未来性

次の文化原理を提出すると言われる仏教は、純粋なる意味における禅定型に属する宗教である。

すなわち、生命自体に直参直入し、これを身をもって徹見し、それに基づく、またそれによって指導される時處即応《じしょそくおう》の白道的生活規範を誘導実践し、かくある宇宙を、かくある人生を真実に見得し、それに導かれる生活行為との完全即一を期する宗教である。

生命自体を無限の姿に見るのであるが、今しばらく思考の世界において無限性を考えうる時、数学上に無限大、無限小を取り上げた時、数学的な思考が窮してしまうのを常とする。無限大の数とは、いくら有限数を加えても乗じても到達できないものであり、同じく無限小も然りである。このように、無限に対しては我々の思考は行き止まるのであり、無限は人間の思考の対象とは成り得ないのである。

我々の思惟《しい》は至るところで、かかる無能力を暴露する不自由なものである。

この論理的思考を仏教では分別智《ぶんべっち》と云い、無限は分別智を超越したもの、不可思議そのもの、論理の自殺の彼方にあるものを指している。無限も思議するべからざるものなれば、同じく絶対も相対世界の指一本触れ得ない世界、然り、不可思議界と言わざるを得ないのである。

仏陀が、

「人生はかくの如し」

と徹見したのは、分別を超え、相対を超えた存在が、人間生命のありのままの本質的姿であり、無限にして絶対の人間本来の姿、本然体《ほんねんたい》としての生命が分別相対の世界に頭をもたげた時に、不自由にして行くも帰るも動きの取れぬ凡物と化すという、すなわちこれ迷いの姿である。自在の境《きょう》と無限智絶対の本然の姿である生命体を、深く心身の上に把握徹底することを、

「悟道の人」

と言うのである。それは分別相対の抹殺をせざる限り体得できない心境であるが故、かかる相対分別を離れさせる方法論が必要であり、無分別絶対へ導くに、祖師方は苦労されたのである。

「時に禅、時に念仏、時に威儀、時に題目」

と。

相対と相待

「相対を離れる」

と言うは、相対とは、左右、上下、東西、南北、苦楽、悲喜、愛憎、是非、善悪、美醜、真偽の世界であり、人間の分別心が、この相対をこしらえるのである。なぜならば、「我」がなければ上下や左右があるはずがなく、東西南北も「我」の立っている場所を中心として始めて生じ、空間に上下・左右・東西・南北があるわけはない。

「苦楽」と言うも、何が苦しみであり、何が楽しみであるかも各自によって定まるのであり、物自体で苦や楽があるはずがない。真偽・善悪も個人的主観的なものではなく、全人類的ではある

が、やはり人間界を離れたものではない。人間の作り出したものと言い得るのである。

ところが、よく考えれば、上と下、右と左、美と醜と考え合わせれば、これは対立したものではなく「*相待《そうだい》の関係」にある。

＊相待
仏教用語。二つのものが互いに相対関連して存在すること。⇔絶待

この意味は、上がなければ下もなく、下がなければ上もない。上を上たらしめるのは下であり、下を下たらめるのは上である。結局、人間の心が上と下とを立てて、上と下とを対立させて考える。この自分が立てた相対に自分が閉じこめられて執着する。そして愛憎悲喜の苦しみを呼び起こし、苦しみが苦しみを次々と作り出していく。これを「煩悩」と言う。

分別の世界は、相対の世界であり、煩悩の世界である。

有と無、生と滅、同と異、一と多などの分別の世界をきれいに放擲《ほうてき》して、有とも言えず無とも言えず、同じとも言えず異なっているとも言えず、一つとも言えず多いとも言えない世界こそ、真実の宇宙であり、人生なのだ。

我は個体であるというも、また社会の一人というも同じであり、また異なっている。全体と個体とは対立したものであると同時に、どちらも他方がなくしては自分もあり得ない、相待の姿が

真実なのである。

個人なくして全体なく、全体なくして個人はない。これは、個人が個人であり得るためには全体から離れてあるのではなく、全体によるがゆえに個人が個人たり得るのである。全体が全体であり得るのはまた同じく、個人によって初めて全体たり得るのである。

個と全は、全に即応するがゆえに個たり得、個に即応するがゆえに全たり得、個と全は相対にして相待である。対立とすれば闘争矛盾を起こすが、相待と見れば相手なくしては自分もあり得ない。

個即全、全即個、個は全に非ず、全は個に非ず、何とも言い得ぬ世界が真実界である限り、仏道においては、

「八不《はっぷ》（不生・不滅・不常・不断・不一・不異・不来・不去）中道」

と言い、論理思弁の絶した絶対片寄りなき中道を求め、それが真実体としての己、我として把握するのである。

我も八不なれば宇宙も八不であり、森羅万象、一切現象は八不の中道である。

この辺に深く自覚を進める時、真の絶対にして無限の境は、絶対とか相対とかの対立をなくし、分別とか無分別とかの分別も消え、考えられる思惟論理の世界とか、思議のない不可思議の世界を言う。

思議も消え、言語絶慮の境を説くのが仏教であり、東洋人の思想である。

一切の相対を断滅し、相対分別に伴って起こる煩悩を完全に遮断した心境を「空《くう》」と言うのである。仏教中の究竟《くきょう》は、有に執着するを常見《じょうけん》、無に執着するを断見《だんけん》と、常見、断見を両刀に切断して、空なるまま、同時に、あるがままにある境を真空にして妙有《＊みょうゆう》と、絶対、中道、空は、相対分別の煩悩から自由へ導く関門であり、ここへ身をもって体当たりを敢行することを出家すると言い、宗教生活の人、求道者《ぐどうしゃ》と言うのである。

＊妙有
仏教用語。真実の有。真理そのものが永遠に存在すること。

空の世界とは

しかし、かかる一切断滅の空《くう》の世界には、法律も経済も政治も倫理もない無政府的無秩序の混沌たる世界であると考えるなれば、大変な間違いである。味噌も糞も一緒なるのが空の世界ではなく、そこには秩序が自ら整ってくる。

山は山、川は川、桜は桜、梅は梅、宗教心が無限性、絶対性を求むる間は、求むる者と求められる者との相対あり、未だ道遠く、求める我もなく求められる絶対もなく、人も宇宙も、人も神もなく、渾然一体の我は我にして、かつ、宇宙なり、神なりとの大自覚へ到達するのである。

*親鸞が*自然法爾《じねんほうに》の巻に、

「自はおのずからと言う、行者のはからひにあらず、然といふはしからしむといふことばなり。しからしむといふは行者のはからひにあらず、如来のちかひにあるがゆへに法爾といふ。法爾はこの御ちかひなりけるゆへに、おほよそ行者のはからひなきをもて、この法の徳のゆへにしからしむといふなり」

と、自然ありのままの調和、安心の世界を説き、*道元が*正法眼蔵現成公案《しょうほうげんぞうげんじょうこうあん》に、

「仏道をならふといふは自己をならふなり、自己をならふといふは自己を忘るるなり、自己を忘るるといふは万法に証せらるるなり」

と説くも、一切分別の起こり、煩悩の所在である自己をまず忘るることであり、自己を忘じ尽くす時、何のはからいも力もなく、万法の方から自己のあり方、あるべき姿を教えてくれると、禅も念仏も共に説いているのである。

*親鸞（しんらん／１１７３～１２６２）
鎌倉時代前半から中期にかけての僧侶。浄土真宗の開祖。

*自然法爾
仏教用語（浄土真宗）。自然は自ずから備わっていること。法爾はそれ自身の法則。もののありのままの姿が真理に則っていることをいう。

*道元（どうげん／１２００～１２５３）

鎌倉時代初期の禅僧。日本における曹洞宗の開祖

＊正法眼蔵現成公案
道元が著した『正法眼蔵』の数多の巻の中でも、本質的かつ最重要といわれ、悟りの実現を示している。

まずは自己を放擲せよ、力を捨てよ、されば自然は行くべき大道を教えてくれると論証するのである。

大自然は、大自然そのままで調和している。しかし、一点の我念の分別を起こせば直ちに大波が起こり狂い、闘争の巷と変ずるのである。

かかる仏道眼をもって現実の社会、特に米ソ対立の思想的根拠、自由民主主義と平等民主主義、個人主義と全体主義、ヘーゲル弁証法とマルクス弁証法の対立は、何と説き明かされようか。

先ほどの論述のごとく、個と全は対立にして相即の姿である。対立の姿は闘争を生み、相即の姿は和解を生む。個は個であり、全に相対しながら全と離れて個たり得ない。全は全であり、個と対立しながら、また個を否定しては全たり得ない姿が真実道と教える世界に、この問題を持ち込むなれば、個人主義と全体主義は対立しながら、そのまま即応、相入することになる。

論理的には矛盾を感ぜしむるが、それは分別世界による有限を相手にする論理の不自由なる範囲にうろつくがゆえに、そう感ずるのである。

我々が感ずるから正しいのではなく、事実は事実だから容認するのが東洋的思想である。大自然は人間に対し、冷たくも感ぜしむると同時に、温くも感ぜしむるごとく、自然は人間の観念や感覚を無視して真実を我々に提示する、偽りなく提示する。無言にして教ゆる自然の説法を悲喜交々《ひきこもごも》に感ずるのは、人間の煩悩であり、分別である。

分別界を超越した真実世界は、人間の賛同・不賛同にかかわらず、個と全の即応、相入を教えている。あえて言うなれば、思議を許さざる自然法と言い得るであろう。

西欧哲理・思想の没落原因は、自然法に従わず人為法の上に、人間至上主義の上に成立したところにある。

東洋思想の我々も人間至上を根本的否定するものでは断じてないが、このままの煩悩的、欲求的自我肯定の人間を認めず、一度人間自我心を空じ尽くし、自然法に従うところの自我、無我の裏付けのある人間自我の肯定であり、このままの人間にあらず、宇宙の大法に我を投擲《とうてき》した、一度自己を忘れ、否定の洗礼を受けた自然法に立脚した自己の再認識である。

認識前の自我は分別対立の闘争の根拠と言い得るも、再認識の無我たるの自己は、全体宇宙または社会と闘争矛盾を起こさぬ自己なのである。個人主義か全体主義かの二者択一ではなく、而《しか》して個人主義と全体主義の妥協でもなく、東洋的感覚の上に於ける相即相入《*そうそくそうにゅう》的、自然法上の全一《ぜんいつ》である。

自由と平等の大自然の合一的現実を再発見するのである。しかし、それは、東洋的空、無我の上に立っての合一である。

＊相即相入
一切の現象が互いに対立せず、溶け合って自在な関係にあること。華厳宗で説かれている。

人為法の世界から自然法の世界へ

西欧思想は、自然の征服を志して行き止まりとなった。東洋思想は、自然への順応である。人為の上において、いかに米ソの思想は歩み寄りを続けたとしても、それはあくまで人間の作れる人為の上である。

一変せしめて、自然法の上に立って社会現象を構築するなれば、全く違った原理に社会を構築しなければならない。

唯物弁証法か観念弁証法かと哲学論争を続ける前に、我々は生命体としての人間であることに着目すべきであろう。人間根拠が唯物であったとしても（もちろん、そうは今日の自然科学は証明できない）少なくとも人間である限り、唯物をもってのみ解決のできない社会現象は多くある。

社会の構成要素は人間である。人間社会が我々社会科学の研究対象なのである。

そこにおいて人間を再度分析したとしても、酸、アルカリといった化学的要素や、水分、カルシウム、硫黄と分析し物理的要素を導き出しても、かかる分析は自然科学の対象たり得ても、社会の原理や文化の根拠を見出す人間科学は出て来ない。

我々は、このままの人間を人間として、物質的肉体的であり、かつ、高度の文化を求むる精神作用を持っている人間自体を出発として、社会科学の根底を導き出したいのである。

人間は物質運動の法則と異なる運動法則を持ち、単なる機械運動ではなく、生命体として、先ほど述べた無条件的なる「生存の意欲」と「自我の保持拡大」を要求する、生きんとする方向目的に合致した運動行為を起こすものである。

およそ生命あるものは、個体保存と種属保存のために本能作用を有するのも、生存意欲の現れである。こういった生命体特有の目的活動に、生命体、ことに人間は環境に対応して永き生命を保持してきたのである。

一般生物も、この合目的々活動法則は適合するのであるが、人間はさらに社会生活を営む集団協同体として生活するものなのである。

人間は体外的環境に対して順応し、その上、人間意識において環境に変化を与えていこうとする意識作用が高度に発達しているのである。個人から始まる人間生活も、異性に対する働きかけを持ち、最初の複数人たるの社会の基本的姿である家族血縁社会を作り出した。

家族社会を作ることは他の動物とても然りであるが、人間と他の動物との異なりは、単なる本質的つながりでなく、自覚的つながりである。男女をもって始まった家族の基礎も、夫と妻との愛情の自覚により、一体感として一つの家がその子供の誕生と相俟って生まれるのである。犬や猫には、同一生活を為《な》し、親子一緒に生活する間は、自己を虐《しいた》げぬ限り、まあまあ親子としての生活をするが、立派に子が成長を遂げるか親子を引き離して生活せしめた時は、全くの親子たるの自覚を持たず、一個の雄、雌たるの異性としての自覚しか持ち得ない。人間家族は、親子、兄弟、本末、長幼の血縁としての自覚をもってこそ人間なのである。もし人間にして親子・兄弟姉妹の間柄を認識せず、親を見ても、子を見ても、単なるあれは人間だと言うほどの意識しか持たない時には、その人は少なくとも精神異常であって常人とは言い得ないであろう。

かくして人間は生命協同体としての血縁体系において、己の置かれている位置を自覚するものであり、自ら家族の間柄に対する自覚意識より自然的秩序を見出すのであり、その秩序維持自覚発展を根本規範として、運命を同じうする大同目的を持する生命結合力を発揮するのである。

いかなる人種も自然発生的に家族血縁生活を拡大していったのであるが、この基本社会たる家族が部族、氏族とまで進んだ国はあったが、民族にまで血縁社会を拡大せしめた種族は、日本をおいては見られない事実なのである。

自然体に発する家族を政治的に考察する時、その家族構成原理は個人主義的自由であろうか、全体主義的平等であろうか。

日本の伝統的に見られる家族は、自己の利害を出発として始まったものではない。血統的なるゆえに、階級的平等や利害上の自由でなく、純粋に見られる無我の愛敬をその根底としている。親は己の利害のために子を養うものでなく、自分がどうなろうとも、子を愛し、子のためを思い、子が立派に成長することに努力する。しかも、無条件的に努力するところに親たるの価値があり、その親を心から敬愛し、人格の生ける師表《しひょう》として仰ぐところに子の子たるの存在理由がある。夫は夫として妻を、妻は妻として夫のために無我愛の献身が真の和合、家族たるの無条件的結合である。

夫と妻と、親と子と、両者は全くの異質であり、完全相違を持ちながら、自分がどうあれば相手のためになるかという自己否定より、自己を家族の親たる、子たるの再認識、再肯定の愛において、家族結合、生命結合の原理が存するのである。

家族といえども封建的な反面に苦しんでいる者もあろう。しかし、それは家族結合の変質であり、生命結合の愛における家の原理には変わりはない。

家族は、果たして全体主義か、個人主義か。

両者を肯定し、両者を否定する分別以前の世界、論理思弁《しべん》の世界に先立つ東洋的八不《はっぷ》の原理の実践体である。すなわち、人為体に非ず、自然体の社会の基礎であるのだ。

　自己否定の生命愛の全一主義体としての家は、その原理を拡張せしめて、自然体のまま民族にまでいけるものなれば理想社会と言うべきであろう。いかなる地理的条件か人種的条件か、我が祖国は、自然体の生命結合を国家民族にまで統一的拡張が為されて、国家存立の基底となし得たのであった。

　生命結合体系としての家にも血縁中枢の親があり、私心なく、全く公的な、人民のためのみに心を砕く、民族血縁中枢の主柱たる天皇を永き二千有余年の間維持し、外的の侵略を受けることなく、日本民族全体が天皇を中心とする大血縁の純粋理想の統一社会を自然のままに、一片の人為構想もなく形成したのである。

　人間は血縁的事実であると同時に、親子、兄弟、本末の自覚体であるが故、天皇は民族血縁社会の中枢である事実と共に、民族生命結合の精神的自覚の統一的体現者であった。

　天皇に対する国民の観念は、子が親にする如く、情において父子であり、理において本末であり、政治国家において主であり、宗教的人格において師であると自覚された。

　かくして天皇は、*主師親三徳《しゅししんさんとく》の体現者として国民は仰慕《ぎょうぼ》し、天皇御自身は天皇道の大任者として深く御自覚なされるのであった。

＊主師親三徳
一切衆生が尊敬すべき三つの徳（主徳・師徳・親徳）のこと。主徳は人々を守る力、師徳は人々を導き教化する力、親徳は人々を育て慈しむ力をいう。

もしも天皇が、無私、無我の公的立場に御立ちにならなかったとしたら、人民の間に利益の激突が起こり、私心をもって天皇が一方の側の利に立たれることがあったとすれば、人民間の利害対立は激化し、天皇もその存在を許されなかったであろう。しかし、二千有余年国家的統一を保ち得たのは、全く私心なき天皇が血縁的精神的帰一《きいつ》の中心として天皇、国民が自覚、維持してきた証査ではなかろうか。

日本独自の文化原理の提唱

血縁生命を自然の基礎として人格的に構成された民族社会は、一個の家庭において、親のものは子のもの、夫のものは妻のものであり、何のこだわりをも感じない。ゆえに、子供のために財を惜しむ親は正常においては存在しない。家族の生活資源は全く共有であり、しかも極めて自然の統制が確立して、父たる代表者に、力においても、経済力においてでもなく、ただ父なるがゆえに心服全托する如く、日本国家において天皇にその能力、力の強弱にかかわらず、仰慕心服、全托の自然統制が為されるのである。

趣意書

今や人類は暗黒裡に沈んで居る。日増しに進む巨大兵器は、地球生物の壊滅すらも可能で有り、二十世紀の歴史を以つて人類の生命の躍流は、終焉を告げるやも知れぬ不安に、世界は包まれて居る。此の危機に対し、世界不安の根源で有る米ソの二大思想の対立に、解決の大道を与え得る絶対文化、第三の文化原理を生み出さねば、歴史終末の悲劇は救われないので有る。

世界の有識諸学者は、懸命に、来たるべき新指導原理の確立を求め、個人主義的自由民主主義と、全体主義的社会主義の調和点を見出すべく必死の努力が注がれて居る。

かかる重大時期に、戦い敗れし屈辱に泣いた戦後の日本は、自らの民族を信んずる自尊心を失い、卑屈にも自国の歴史を蔑み、天降的に軍政強要された米国製民主主義を無批判に謳歌した。

民主主義は確かに西洋文明の生み出した一つの真理と正義を含むもので有り、人格の自由を確認する近代的原理で有る事は認め得るも、然し、此れが次の世界を指導なし得る唯一の絶対原理で有るとは認め難い。

しかも、人類の良識が一日たりとも忘れてはならぬ広島と長崎に投下された原爆と同じ手によつて、日本民族に与えられたもので有り、米国製民主主義は、占領政策完遂の麻酔薬で有つた事は、国性破壊の占領下に課せられた幾多の諸政策が、此れを明確に裏付けて居る。占領政策は、表に民主主義化の名分を掲げ、裏に日本民族の永遠の隷属、植民地化を意図した事は、初期の占領政策が雄弁に物語つて居る。

マッカーサーは日本独自の文化を破壊する為め、明治憲法を暴力的に破棄せしめ、しかも国際法の侵犯を敢てしてまで、日本国憲法と名付くる翻訳憲法を押し付け、天皇制破壊の目的を持つて、共産党を利用し、此を保護、自由活動を許し、経済力を寸断し、個性の自由と人格の尊厳の名のもとに、無制限に等しき放埓を許し、民衆は低俗野卑なる放縦の感覚的陶酔に、民主主義を狂気礼讃し、国家の権威と統一は無政府状態に置かれ、戦争の放棄、戦力保持の公的禁止によつて、自国の安全と平和は、日夜脅されて居る。

一方、政府は、民族の背柱たる道徳教育すら適確に明示せず、高官汚職は常識化し、国会は怒号と乱斗の劇場と化し、学者は、其の職責も、節操も果し得ず、進歩的文化人と称してソ連中共の全体主義国を礼讃し、社会を不安へと導く事によつて原稿料を稼ぐ、教員の大半は赤色革命の手先として階級斗争に専念して、純真たるべき子弟の教育は省みられず、資本家は眼中私利のみ有りて国家なく、労仂運動は、産業破壊の政治斗争に年中行事のストライキに浮身を俏している。

嗚呼、悠久三千年の歴史を、天皇を血統本流として血の自覚のもとに、民族共同の運命を托して来た祖国は滅亡に瀕している。今、祖国再建の指導原理を確立し、道義国家を建設しなければ、遠くなくして、日本は言語に絶した革命の惨状の断末魔の苦悩を味わねばならぬ。

日本救済の道は、個人主義的民主主義と、全体主義的社会主義の暗雲妖気を掃い、民族伝統の下に、独自の日本民主主義を確立する事に有る。

日本民主主義、絶対文化の指導理念とは、個に即して全を見、全に即して個を見る東洋

日本松栢会学会設立趣意書

たる国民の全一的融和たる生命有機体たる国体をもつて継承され、全体主義、社会主義国家、ソ連に見られる如き権力と弾圧の血の粛清による権力構造のみに頼る恐怖政治に非ず、自由有りて経済不安に脅かされる個人主義的自由民主主義に非ず、親が子を思い、子が親を思う、権利義務の法律的制約よりも、今一歩、人間の本質的、生命、血の本然的念願たる血流共同の精神的帰一の有り場所として求められたる唯一の大道で有り、民族生命体としては、一君万民の自覚体で有り、政治、国家学的見地に立てば、国民自らが、国民自らを自覚的統摂し、一系の天皇人格に象徴せしむる至美至善至妙の政治体系で有り、純理に於いて、正義と真理を、国家法人格の中心に相即統收して民族生命永遠の道統を護持する人類の歴史的最高理想の道義的体系で有る。

日本民族の歩み来たりし大道は、古きが故に尊厳なるに非ず、伝統なるが故に守るに非ず、世界史の前史を飾れる個人主義的自由と、全体主義的平等の二大原理が収拾なし能はざる人類危機に、自由と平等と、個と全と、金力と権力との二律背反的西欧文明に対し、

吾人の叫ぶ日本松栢学会は、かかる決意と、生涯を不撓不屈の精進をもつて新文化指導原理確立に捧げられし哲人恩師今津洪嶽老大師の大獅子吼を継承し、敗戦直後、同憂の諸学者諸士と共々に研鑽し、東洋思想、殊に古神道並びに仏教哲理及び禅の真理性を提唱し、政治、経済、法理、教育、宗教、道徳等々の文化史的再建に志し、今日に到るものである。が生命を賭して守る事を誇りとするもので有る。

日本松栢学会は、無門の法嗣、法燈の大声、歳寒して始めて知る松栢の操を、今こそ提示し、興禅護国と、古神道の真実性にもとづき、第三文化の大道を民族生命結合たる民族自決、時間・空間の十字街路に立ちて、己れの血の雄叫びに耳を傾け、生命自然の本体発動たる血の団結を、小さくは家族に、大きくは民族に求め、来たるべき、文化原理として民族を指導し、人類の歴史的民主共産両対立に終止符を意図せんとするもので有る。此れこそ、人為、技工の作意の社会に非ず、大自然道の生きとし生ける生命流露の本道即ち神ながら本体で有る。

吾等、日本松栢学会は、日本人的自然体の無我の上に立ちて、政党、宗派、階級を超越し、万世一系の天皇を仰慕する。

かかる光栄と喜びを確信し、且、万人普遍の理性を失うことなく、大義・大忠の道統国家日本現成を期し、人類平和に寄与せんことを目的とする。

吾人の趣旨に御賛同の方は奮つて御入会をお願い致します。

日本松栢学会

会長　三上昭夫

日本松栢学会京都事務局

京都市下京区仏光寺通高倉西入ル

電話⑤七三五〇番

歴史的に見て、国民が天皇に対する時、政治的経済的には時の幕府が時代毎に保持し、むしろ何らの権力構造をも持たない天皇が、事実日本国を統治してこられたのである。立法・司法・行政・兵馬の権力一切を将軍が持ちながら、その権力を行使しながら、日本を統治されたのは天皇であったのである。

本質的意味における究極的統一は、力の構造によらない天皇によって保たれるというのは、いかなることであろうか。

国民は天皇に対し重圧感を感ずる何ものもなく、一体的情感により、天皇と国民と対立する関係ではなく、日本民族が天皇を中枢として国民自らの意志で究極的に一つの生命体永遠のものとして、何らの外部からの圧力的強制的一体化ではなく、生命結合内部の民族自覚により、日本民族が自然に決定した支配なき中心統攝《とうせつ》としての自己統治を為しゆくのであった。

天皇の支配によるのでなく、天皇を結合中心として国民自体が自らを統治するのである。

全く国民個々の個性尊厳の自覚が凝固集中し天皇の御体に個体化したものであって、換言すれば、民族生命の尊厳が、散じては個々の日本人の尊厳自覚となり、集中発現すれば天皇尊厳の自覚となるのである。

日本民主主義の確立は、この生命結合の基盤の上にあり、天皇を結合中心として個々の自己統攝は、まさに理想的にして、東洋思想独自の民主主義は、ここに中心帰一の全一民主主義、尊皇民主主義こそ、自由・平等の人為体を超えた自然体の民主主義、すなわち民主主義最後の地点である。

日本民主主義の主権は、天皇に偏せず、国民に偏せず、君民一体生命としての国家自体にあるのであり、天皇は主権者日本国の元首たるの地位におられるべきが日本の歴史的姿であるのだ。

権力構造を超えた天皇、しかし行政機能は国民代表機関たる内閣がこの委任を受くべきであろう。

「第三文化」への道は、かくして確立された。

当来社会は、個人主義社会でもなく、全体主義社会でもなく、血縁生命を基《もとい》とした生命結合社会こそ民族国家の運命を喜んで托し得る社会だと確信するものである。

あるいは問う者もあろう。

「血縁結合は日本のみに適当にして、他国には不可能である」

と。が、著者は答うるものである。

「日本の独立の意義は、自然体に属する国が理想の結合社会であることを世界に示す。これが民族国家に与えられた天の命ずるところであろう」

と。

他国の可能不可能に是非をはさむものではない。人類の理想の社会は、かくすれば来たることを提唱すれば足りるのである。

止み難き祖国への情熱と、見るに耐えざる民族の危機に熱情をたぎらせて、祖国独立と日本独自の文化原理を提唱し、迷雲、暗雲の只中に、日本前途の行方に一点の光明を点じ得れば、著者の望外の喜びである。

第三文化の国家学
第三文化の経済学
第三文化の法理学
第三文化の教育倫理学

かかるものをひっさげて、*松栢《しょうはく》の雄叫びとするものである。

＊松栢　三上照夫の雅号。松と栢のこと。常緑樹は一年中常緑であることから、節を守って変えることの例え。

三上　照夫／履歴

昭和3（1928）年4月25日　京都市にて三上新次郎・アイの三男として誕生
16（1941）年4月　同志社中学校入学
19（1944）年4月10日　同志社中学3年修了し、陸軍航空通信学校尾上教育隊に特別幹部候補生として入隊
20（1945）年2月　特別幹部候補性の過程を修了し台湾へ向け出港
3月10日　基隆港近くで魚雷攻撃を受け轟沈。14、000名乗員のうち218人救助
5月　台湾並びに西南諸島にて天号航空作戦に参加。九死に一生を得る
誠補充飛行隊に配属されるも終戦
復員
21（1946）年2月　同志社中学4年に帰校
4月　今津洪嶽老師の妙光寺（宇多野）に入門
22（1947）年2月　同志社中学卒業
4月　同志社外事専門学校入学。神学部、ロシア語専攻
この頃、今津老師より禅坊主として薫陶を受けながら、キリスト教の

23（1948）年12月
旧約聖書（原典）を学び、度々教授陣と論戦
宮東孝行氏の賀陽宮《かやのみや》様宛の便りをもたらされた人あり。急遽、便りを持ち上京
賀陽宮様に導かれ、昭和天皇に拝謁。陛下からクリスチャン問題について御相談を受ける

25（1950）年2月
大阪中之島公会堂で共産党と論戦。3日目に乱闘となり、負傷者が出たため、責任をとって同志社外事専門学校を中退
比叡山で百日断食行
叡南祖賢《えなみそけん》師の厚情を受ける
30歳までに1万冊の本を読まんと猛勉強。経典4808巻＋多数

26（1951）年
上代史『元伊勢の研究』で博士号取得

27（1952）年
京都、大阪、福井、富山等、各地「縁ある処」にて講座、講演
福井県若狭・上中町の乾長昭氏の門人達の強い要請により初めて弟子をもつ
「松栢会《しょうはくかい》」命名

30（1955）年
論文「当来社会の示すもの」発表。第三文化の提唱

33（1958）年
「松栢」誌発行（2月、3月）

34（1959）年4月
誕生日記念号「二つの日本を一つに」発行

35（1960）年4月　誕生日記念号「もの申す」発行

37（1962）年4月　誕生日記念号「怪物、社会党内を横行す」発行

38（1963）年4月　誕生日記念号「憲法問答」発行

39（1964）年　佐藤栄作総理よりブレーン就任の要請あり
この年、祥恵と結婚（36歳）

49（1974）年3月　脳血栓で倒れる。リハビリ猛特訓にて回復なるも、右手足の不自由が残る

50（1975）年5月　西ドイツ・シュミット新首相より来独の要請。辞退
福田赳夫氏から衆議院選挙への立候補要請。熟慮の上辞退

51（1976）年　昭和天皇御在位五十年
「法律時報」誌に左翼系法律学者が天皇制批判、数多掲載
昭和天皇は、これらを丹念に読まれる。天皇の御気持ちを心配された入江相政侍従長が、助言できる有識者を探されるが皆固辞。この報告を受けられた陛下は「27年前の青年（三上のこと）はいかがしたか」との御下問があり、三上が再び拝謁することになる。以後10年間、三上は昭和61（1986）年9月まで毎月1回参内し拝謁

56（1981）年　京都の自宅にて宗教講座を始める
7月　母アイ死去。前日、天皇陛下よりお見舞いの御言葉を賜る

63（1988）年1月2月　新年一般参賀
三上照夫は家族とともに参上。遠くより陛下に頭を深々と垂れる夫の姿は今も妻の脳裏に焼きついている（夫人談）

平成年間　最後の人生の論文『宗教の二大類型』に取り組む
かつて、昭和28年に今津興嶽老師に依頼され、老師の教科書の『宗教の二大類型』を執筆したが、仏教学の教科書のため神道、心霊に触れなかったゆえ、今回はそれを含めたものにすべく、執筆に意欲を燃やすが、未刊に終わる

平成5（1993）年7月27日　脳血栓で倒れる

6（1994）年1月8日　逝去。奇しくも昭和天皇と同時刻6時33分に死去

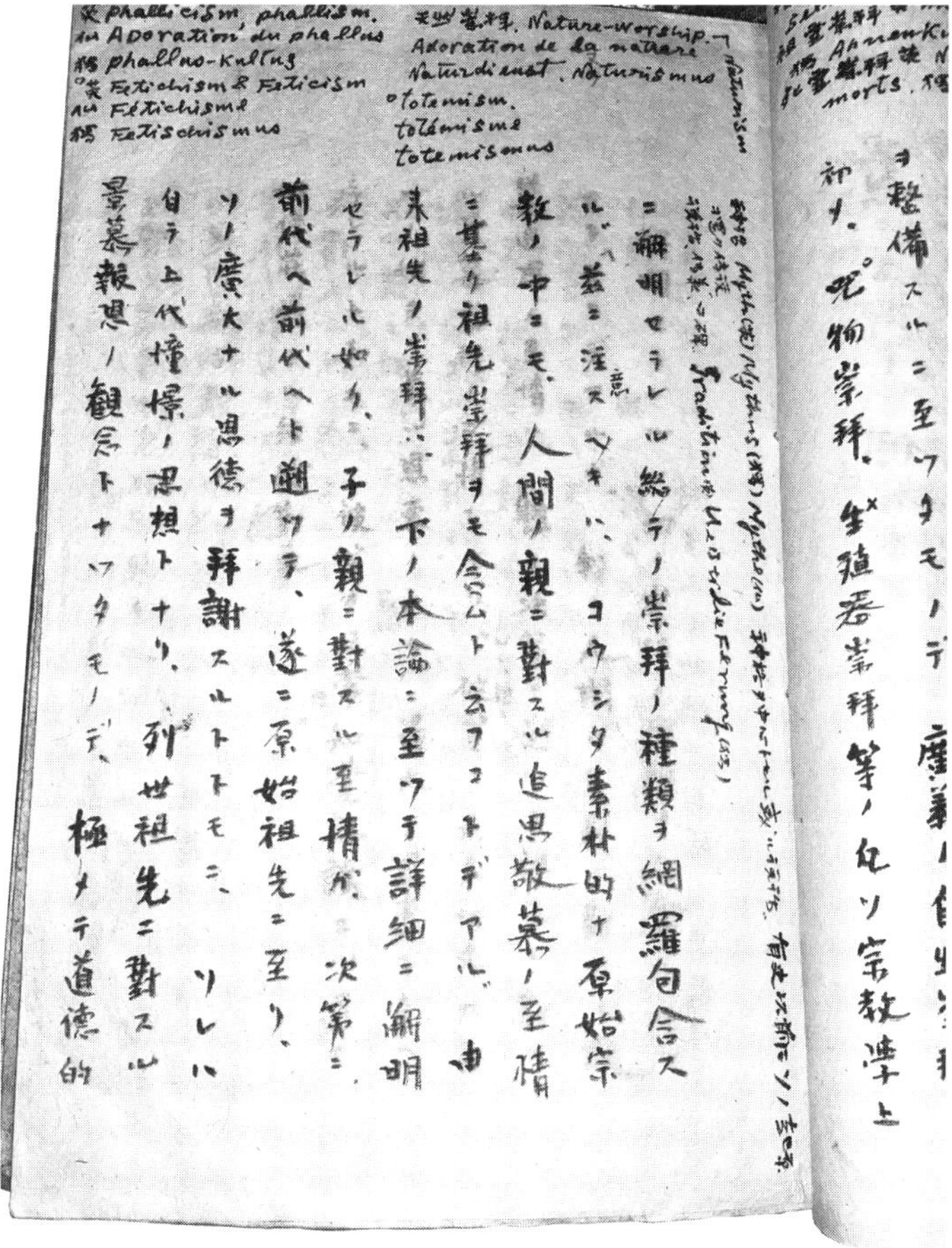
phallicism, phallism.
Adoration du phallus
phallus-Kultus
Fetichism & Feticism
Fétichisme
Fetischismus
Nature-worship.
Adoration de la nature
Naturdienst. Naturismus
totemism.
totémisme
totemismus
ヲ闡明セラレル総テノ崇拜ノ種類ヲ網羅包含ス
ル、蓋ニ注意スベキハ、コウシタ素朴的ナ原始宗
教ノ中ニモ、人間ノ親ニ對スル追思敬慕ノ至情
ニ基ク祖先崇拜ヲモ含ムト云フコトデアル。由
来祖先ノ崇拜ハ、下ノ本論ニ至ッテ詳細ニ闡明
セラレル如ク、子ノ親ニ對スル至情ガ、次第ニ
前代ヘ前代ヘト遡ッテ、遂ニ原始祖先ニ至リ、
ソノ廣大ナル恩徳ヲ拜謝スルトトモニ、ソレハ
自ラ上代憧憬ノ思想トナリ、列世祖先ニ對スル
景慕報恩ノ觀念トナッタモノデ、極メテ道徳的

今津老師の書き込み

第三の文化の時代へ

～慶びを積み、暉《ひかり》を重ね、正しき道を養わんが為に～

令和６年２月11日　初版第１刷

著　者　　三　上　照　夫
発行者　　梶　原　純　司
発行所　　ぱるす出版 株式会社
東京都文京区本郷2-25-14　第１ライトビル508　〒113-0033
TEL（03）5577-6201　FAX（03）5577-6202
http://www.pulse-p.co.jp
E-mail　info@pulse-p.co.jp
編集協力　㈲フジヤマコム
編　　集　三上照夫研究会
本文デザイン　オフィスキュー／表紙カバーデザイン　WADE

印刷・製本　㈱平河工業社

ISBN 978-4-8276-0276-0　C0030